"十三五"国家重点出版物出版规划项目

星槎胜览校注

〔明〕费信 著
冯承钧 校注

《星槎胜览校注》序

前岁雠校《瀛涯胜览》毕，拟续取诸本《星槎胜览》校勘。惟当时仅有上虞罗氏影印天一阁本，无他本可资检对。《星槎胜览》版本流传与《瀛涯胜览》同，大致亦可别为两类：一类为原本，凡二卷，文字芜俚；一类为改订本，分四卷，较原本颇有增删，文字雅洁。改订本今可考者共有八本：曰《古今说海》本，曰《历代小史》本，曰《纪录汇编》本，曰《百名家书》本，曰《格致丛书》本，曰《学海类编》本，曰《借月山房汇钞》本①，曰《逊敏堂丛书》本。此八本惟《百名家书》本未能见，顾此本与《格致丛书》本并胡文焕辑，版本应同。《历代小史》本虽合为一卷，然与诸本皆同，惟缺真腊条。殆以《星槎胜览》后接刻《真腊风土记》，故将此条删除。《格致丛书》本所本者，疑是《历代小史》本，亦合为一卷，缺真腊条。此外除传录或刊刻之脱讹外，八本内容几尽相同。

《星槎胜览》版本之分两类者，殆因原本文字芜俚，后人特为改订而润色之。改订者究为何人，据伯希和教授说，即为费信本人，②然此说无据。观原本文字，费信似为不能作雅语者，《昆山新

---

① 《泽古斋丛钞》本同。
② 说见《郑和下西洋考》第七十九页。

阳两县合志》卷三十《文苑·费信传》固有"简文采论识之士，颛一策书，备上亲览"语，盖为修志者想象之词，未足据也。吾友向觉明达检乾隆《昆山新阳合志》①所载周复俊《星槎胜览·序》，末云："予屏居多暇，稍加删析，录一净本。置六梅斋中，他时隐囊卧游，又何必识九洲而临五岳也。"因推定改订人即为周复俊，②此说近类真相，兹请就此说引伸之。考明人著述志及下西洋事者，有陆容（1436—1494）《菽园杂记》，祝允明（1460—1526）《前闻记》，归有光（1506—1571）《震川集》，顾起元（1565—1628）《客座赘语》，周复俊（1496—1574）《星槎胜览·序》③。诸人惟祝允明为长洲人，周复俊、归有光皆昆山人，顾起元原昆山人，以南京金吾卫籍登进士。④陆容《明史》有传，谓为太仓人。太仓下应脱卫字。太仓于弘治十年（1497年）始置州⑤，而容之殁在置州前三年，则容生时太仓卫仍属昆山县境。由是观之，诸人与费信皆同乡里，信之行纪首先流传昆山，自为意中必有之事。嘉靖己未（1559年），归有光与其友周孺允皆藏有《星槎胜览》原本⑥，可以证已。周复俊与有光同里同时，应亦缮录有之。费信《序》称，年至二十二选往西洋，又表载初使西洋在永乐七年（1409年），则其人生于洪武二十一年（1388年）。假定寿至八十，复俊虽未能亲见其人，然时距不远，不难获见其书，必亦见原本鄙芜，乃加删析。陆深（1477—1544）父子复以此删析本收入《古今说海》中，后刻诸丛书，因而转录，无所增损。此删析本，所增阿鲁条与其他各条原本所无之文，疑由复俊采自《西洋番

---

① 卷三十五《艺文》。
② 见《小说月报》第二十卷第一号五十三至五十四页。
③ 复俊有《太仆集》，一名《六梅馆集》，今未见。此序载乾隆《昆新合志》，光绪续修本删。
④ 国子监进士题名碑，万历戊戌一甲三人顾起元，注江宁籍昆山人。
⑤ 见《明史·地理志》。
⑥ 见《震川集》卷五。

国志》哑鲁等条也。

删析本既通行，原本遂废。赖有归有光等，以为"当时所记虽不文亦不失真"，录而存之，原本因得流传至今。其本今可见者有三：曰《国朝典故》本，曰罗以智校传抄明抄本，曰上虞罗氏影印天一阁本[1]。三本大致相同，惟讹字脱文，触目皆是，但以三本互勘，不难复旧。《昆山新阳合志·费信传》称"附《玉峰诗纂》行世"，然今见长沙叶氏观古堂所藏明刻本《玉峰诗纂》，后未附有《星槎胜览》，殆出修志者之误记也。

今以罗以智校本为底本，用《国朝典故》本[2]、天一阁本[3]对校，费信书采撷汪大渊《岛夷志略》之文甚多，复取藤田丰八校注本互证。四卷本与原本既各有详略，兹并录其文附于各条之后，以兹参稽。八本中今所见者以《古今说海》本为最古，然明刻本不易得，覆刻本错讹更甚。其次《历代小史》本，残缺不完，故今所录者皆明刻本《纪录汇编》之文，惟此本脱讹之处皆仍原书，未加校正，俾存原刻面目，若以费信原本之文对照，其误自见。此外体例一仿《瀛涯胜览校注》，惟名物疏释已见《瀛涯胜览校注》者，多不重注，仅于前注讹误脱漏处别为说明，阅是编者可并取《瀛涯胜览校注》合观之。

前撰《瀛涯胜览校注·序》，曾将郑和七次下西洋年月考证条列，付梓以后，继有重要发现，证明原考二、三、四、五次下西洋年月应改作三、四、五、六次下西洋年月，永乐五年至七年间别有一次通番之役，《明史》纪传脱漏，乃经碑文证明。据永乐七年二月甲戌郑和在锡兰岛迓里城所立三种文字碑[4]，知和于永乐七年春曾莅锡兰。又本书九洲山条，永乐七年郑和等差官兵入山采香。又《瀛涯

---

[1] 广州中山大学覆刻者亦为天一阁本。
[2] 省称朱本。
[3] 省称影本。
[4] 见本书锡兰山条。

胜览》满剌加条，永乐七年己丑上命正使太监郑和等赍诏敕赐头目银印冠带袍服，建碑封城。又郑晓《皇明大政记》，己丑永乐七年，春正月太监郑和航海通西南夷，又郑晓《皇明四夷考》，永乐七年太监郑和、王景弘、侯显统三万人往西洋。又郎瑛《七修类稿》，永乐丁亥（五年）命太监郑和、王景弘、侯显三人往东南诸国。皆证明郑和等在永乐五年至七年间曾有一次通番之役，而未经《明史》纪传著录者也。钱谷《吴都文萃续集》第二十八卷，有《娄东刘家港天妃宫石刻通番事迹记》①，福建长乐县有南山塔寺石刻《天妃灵应记》②，皆证明永乐五年至七年间郑和等曾至西洋，由是上引诸书所记年月始得其解，兼可补史之缺文也。兹重再考订七次下西洋年月于后：

第一次奉使，《明史·本纪》载在永乐三年六月己卯。还京，《太宗实录》载在永乐五年九月壬子。碑文仅云："永乐三年往，永乐五年回。"

第二次奉使，《实录》失载，惟《明史·本纪》云"永乐五年九月癸亥郑和复使西洋"，则和于永乐五年九月初二还京，同月十三日复奉使。碑文仅云："永乐五年往，至七年回。"

第三次奉使，《明史·本纪》载，在永乐六年九月癸亥，《实录》同，惟癸亥作癸酉，还京在永乐九年六月乙巳。《明史》与《实录》并同，碑文仅云："永乐七年往，永乐九年回。"按奉使年月与出发年月不尽相合者，盖诏敕随时可下，而航海须待季候风也。此次降敕疑在大艛宝船未归时。

第四次奉使，《明史·本纪》载，在永乐十年十一月丙辰，按是年十一月无丙辰，应从《实录》作丙申。还京在永乐十三年七月癸

---

① 此文首由郑君鹤声检出，见《大公报·史地周刊》第五十七期。
② 此碑拓本曾经陈君几士惠寄一本，并云"此碑久埋失传，民国二十年友人吴鼎芬为知事，托其搜访，于旧址土中刨出，曾拓数纸"云云。

卯，《明史》与《实录》并同。碑文仅云："永乐十一年往，至十三年回。"

第五次奉使，《明史·本纪》载，在永乐十四年十二月丁卯，还京在十七年秋七月庚申，《实录》并同，碑文仅云："永乐十五年往。"

第六次奉使，《明史·本纪》载，在永乐十九年春正月癸巳，还京在二十年八月壬寅。碑文仅云："永乐十九年往。"

第七次奉使，《明史·本纪》失载，惟《郑和传》作宣德五年六月，碑文仅云："宣德六年往。"祝允明记载此役甚详，知于宣德五年闰十二月六日自南京之龙湾开船，六年二月二十六日到福建长乐港，同年十一月十二日出发，宣德八年七月六日还京。

此外尚有一役不见《明史·本纪》及碑文著录，仅见《明史·郑和传》，乃指永乐二十二年正月郑和赍敕印往赐旧港酋长一事。此次郑和疑未行，① 抑是役未出印度洋，不列入下西洋诸役也。

前注《瀛涯胜览》后，得见明钞说集本《瀛涯胜览》②，疑即祁承㸁《澹生堂藏书目》卷三著录之说钞本。《国朝典故》本疑从此本钞出，其足以校订《瀛涯胜览》之文甚多，古里条此本即作"哲地未讷几即书算手官府牙人来会"，诚如伯希和教授之说，③ 此前校勘时惜未早见此本。又马敬序"跨越海外与诸番货"句，初疑中有脱文，后检别一《国朝典故》本，此下脱一"易"字。又南浡里条"番名那没嚟洋"误将"番"字刊落。兹皆前往之失，特附带纠正于此。

民国二十五年冬至日命恕隐二儿笔受讫

冯承钧识

---

① 参看《大公报·史地周刊》管君劲丞所撰文。
② 此本与罗以智校《星槎胜览》本并藏北平人文科学研究所。
③ 见一九三五年《通报》评《瀛涯胜览校注》文。

《星槎胜览》①序

夫万物无不覆载者,天地之统也;万邦无不归顺者,圣人之统也。天地圣人一而二,二而一者也。试尝观之,天位乎上,地位乎下,二气周流,四时更化,果何以见其统哉?吁②!大哉乾元,万物资始,至哉坤元,万物资生,则凡物之在于两间者,无不闻之也。圣人以一人之③身,处乎九重之上,舆图之广,生齿之繁,亦何以见其统哉?噫!本乎圣人己德之修也耳,禀圣神文武之德④,蕴睿知⑤聪明之资,首出庶物,卓冠群伦。所守者至简而能御繁,所处者至静而能制动,所务者至寡而能报众。是以际天所覆⑥,极地⑦所载⑧,莫不咸归于德化之中。普天之⑨下,率土之滨,罔不悉归于涵养之内。洪惟我太祖高皇帝,龙飞淮甸,鼎定金陵,扫胡元之弊习,正华夏

---

① 此后原有前集二字,朱本、影本并无,今删。
② 朱本、影本无吁字。
③ 原脱人之二字,从朱本、影本补。
④ 原缺德字,从朱本、影本补。
⑤ 影本作智。
⑥ 朱本作载。
⑦ 朱本、影本并作天。
⑧ 朱本作覆。
⑨ 影本脱之字。

之彝伦，振纲常以布中外，敷文德以及四方。太宗文皇帝，德泽洋溢乎天下①，施及蛮夷，舟车所至，人力所通，莫不尊亲，执圭捧帛而来朝，梯山航海而进贡，礼乐明备，祯祥毕集。仁宗昭②皇帝，法祖宪天，行二帝三王之道。宣宗章皇帝，守成继统，体二帝三王之心。迨至皇上仁智天锡，圣道日新。任师傅者，皆伊召③之德；居廊庙者，尽稷卨志贤。圣圣相承，绍继大统，岂不谓天地圣人同其致焉？愚生费信，祖氏吴郡昆山民也，洪武三十一年（1398年），先兄籍太仓卫，不几而④早世。信⑤年始十四，代兄当军，且家贫而陋室，志笃而好学，日就月将，偷⑥时借书而习读，年至二十二。永乐至宣德间，选往西洋，四次随征⑦正使太监郑和等至诸⑧海外。历览诸番人物风土所产，集成二帙：曰《星槎胜览》，前集者亲监目⑨识之所至也；后集者，采辑传译之所实也。然不能效编摩之体，为文为诗，诚不敢负圣恩，往赐玺书礼币，至仁至⑩德，化及蛮夷，万邦臣服，贡献之盛欤！书既成，稿未获删⑪正。倪遇明师硕儒，笔则笔，削则削，愚⑫信効勤之诚，鄙陋之至，可得所伸矣。钦哉皇图广运，大明丽天，实驾唐虞而超越三代矣。可知海域蛮方风俗之美恶，山川之险易，物产虽殊异，无为之用，人类之丑贱，何足可观？倪蒙明贤阅

---

① 原作地，从朱本、影本改。
② 原脱昭字，从朱本、影本补。
③ 当作吕。
④ 影本此下多一信字。
⑤ 朱本、影本皆脱信字。
⑥ 朱本误伦。
⑦ 三本皆作征，疑为从之误。
⑧ 原误储，从朱本、影本改。
⑨ 影本误日。
⑩ 原缺至字，从朱本、影本补。
⑪ 影本误册。
⑫ 朱本误则。

之，尽在心目，克怨①远涉之劳，永固天朝之祚。信学识疏浅，恳切不胜之至情②也。

正统元③年龙集丙辰春正月朔日玉峰松岩生费信公晓④谨序

---

① 朱本、影本作怨。
② 朱本作愿，影本误债。
③ 原脱元字，从朱本、影本补。
④ 《千倾堂书目》卷八作公晓。

附四卷本《星槎胜览·序》①

臣闻王者无外，中天下而立，定四海之民，一视同仁，笃近举远，故视中国犹一人，而夷狄之邦则以不治治之。洪惟圣朝天启文运，太祖高皇帝龙飞九五，波泽敷于中外，德威振于万邦。太宗文皇帝继统，文明之治格于四表，于是屡命正使太监郑和、王景弘、侯显等开道九夷八蛮，钦赐玺书礼币。皇风清穆，覃被无疆。天之所覆，地之所载，莫不贡献臣服，三五之世，不是过矣。皇上嗣登大宝，诏止海舶，及远征之役。盖以国家列圣相继，奕叶重光，治化隆盛，而远夷小丑，或梗皇化，则移师薄伐，使不忘武备，以巩固鸿基，为万世之宏规也。皇上恭默思道，端拱而治，守盈成之运，垂无穷之业，得时措之宜也。臣本吴东鄙儒，草茅下士，先臣成大仓，未几而早逝。于是臣继成役，至永乐宣德间，选随中使至海外，经诸番国，前后数四，二十余年。历览风土人物之宜采辑，图写成帙，名曰《星槎胜览》，不揣肤陋，辄敢自叙其首。一览之余，则中国之大，华夷之辨，山川之险易，物产之珍奇，殊方末俗之卑陋，可以不劳远涉而尽在目中矣。夫王者无外，王德之体，以不治治之，王道之

---

① 从《纪录汇编》本转录。

用若然。见治化之效，声教所及，暴风不作，海波不扬，越裳肃慎之民曰："中国有圣人在上，白雉楛矢之贡，不期而至矣。"

正统元年丙辰春正月吉日臣费信稽首谨序

目录

星槎胜览前集

星槎胜览前集目录 / 001

占城国 / 005

宾童龙国 / 011

灵　山 / 013

昆仑山 / 015

交栏山 / 017

暹罗国 / 019

爪哇国 / 023

旧　港 / 029

满剌加国 / 031

九洲山 / 033

苏门答剌国 / 035

花面国 / 039

龙牙犀角 / 041

龙涎屿 / 043

翠蓝屿 / 045

锡兰山国 / 047

小唄喃国 / 051

柯枝国 / 053

古里国 / 055

忽鲁谟斯国 / 057

剌撒国 / 059

榜葛剌国 / 061

星槎胜览后集

星槎胜览后集目录 / 067

真腊国 / 069

东西竺 / 071

淡　洋 / 073

龙牙门 / 075

龙牙善提 / 077

吉里地闷 / 079

彭坑国 / 081

琉球国 / 083

三　岛 / 085

麻逸国 / 087

假里马打国 / 089

重迦逻 / 091

渤泥国 / 093

苏禄国 / 095

大唄喃国 / 097

阿丹国 / 099

佐法儿国 / 101

竹步国 / 103

木骨都束国 / 105

溜洋国 / 107

卜剌哇国 / 109

天方国 / 111

阿鲁国 / 113

附录一：费信传 / 115

附录二：归有光题 / 117

附录三：罗以智跋 / 119

附录四：郑和航海图 / 121

    整理《郑和航海图》序言 / 123

    郑和航海图 《武备志》卷二百四十 / 135

    郑和航海图地名索引 / 183

    郑和下西洋图 / 219

星槎胜览前集目录

一　于永乐七年，随正使太监郑和等往占城①、爪②哇、满剌加、苏门答剌、锡兰山、小唄③喃、柯枝、古里等国开读赏赐，至永乐九年回京。

二　于永乐十年随奉使少监杨敕④等往榜葛剌等国开读赏赐，至永乐十二年回京。⑤

三　于永乐十三年随正使太监郑和等往榜葛⑥剌诸番，直抵忽鲁谟斯等国开读赏赐，至永乐十四年回京。⑦

四　于宣德六年随正使太监郑和等往诸番，直抵忽⑧鲁谟斯等国开读赏赐，至宣德八年回京。

通计历览西洋诸番之国，风土人物之异，逐国分序，咏其诗篇。

---

① 原误成，从朱本、影本改。
② 三本皆误瓜，今改。
③ 朱本作咀。
④ 朱本作剌，疑皆敏字之误。
⑤ 本书榜葛剌国条云："永乐十年并永乐十三年二次，上命太监侯显等统领舟师，赍捧诏敕，赏赐国王。"《明史》卷三〇四《侯显传》云："永乐十一年春，显复奉命赐西番尼八剌地涌塔二国，十三年七月帝欲通榜葛剌诸国，复命显率舟师以行。"则永乐十一年显未至榜葛剌。本书榜葛剌条疑脱杨敕或杨敏名。
⑥ 原脱葛字，从朱本、影本补。
⑦ 考《明史》《明实录》、南山寺碑，郑和第四次下西洋，以永乐十年往，永乐十三年还。第五次下西洋，以十四年十二月往，十七年七月还。别无十三年往榜葛剌诸番事，郑和应是侯显之误。
⑧ 原误忽，影本误同，从朱本改。

占城国

宾童龙国

灵　山

昆仑山

交栏山

暹罗国

爪①哇国

旧　港

满剌加国

九洲山

苏门答剌国

花面王②国

龙牙犀角

龙涎③屿

翠蓝屿

锡兰山国

小㖵④喃国

柯枝国

古里国

忽⑤鲁谟斯国

剌撒国

榜葛剌国

---

① 三本皆误瓜，今改。
② 三本皆误三，今改。
③ 原误涎，影本同，从朱本改。
④ 朱本作咀。
⑤ 原误忽，影本误同，从朱本改。

四卷本不分亲历或传闻之国，凡四十国，多阿鲁，无龙牙善提、琉球、三岛、渤泥、苏禄五国，龙牙犀角作龙牙加貌，大小唄喃作大小葛兰，吉里地门作吉里地闷，麻逸作麻逸冻，溜洋作溜山洋。

占城国①

永乐七年己丑，上命正使太监郑和、王景弘②等统领官兵二万七千余人③，驾使④海舶⑤四十八号⑥，往诸番国开读赏赐。是岁秋九月，自太仓刘家港开船，十月到福建长乐太平港停泊⑦。十二月，于福建五虎门开洋，张十二帆，顺风十昼夜到占城国。其国临海有

---

① 占城国，即Campa, Annam。
② 朱本、影本皆无王景弘。
③ 前六字朱本、影本并无。
④ 原缺使字，从朱本、影本补。
⑤ 朱本、影本并作船。
⑥ 明钞说集本《瀛涯胜览》卷首列举有宝船官兵总数云："宝舡六十三号，大者长四十四丈四尺，阔一十八丈，中者长三十七丈，阔一十五丈。""计下西洋官校、旗军、勇士、通事、民稍、买办、书手、通计二万七千六百七十员名，官八百六十八，军两万六千八百名，指挥九十三员，都指挥二员，千户一百四十员，白户四百三员，户部郎中一员，阴阳官一员，教谕一员，舍人二名，医官医士一百八十员名，馀丁二名，正使太监七员，监丞五员，少监十员，内官内使五十三员。"总计其数应共有二万八千五百六十八人，与上举总数相差八百九十八人，两数疑有一误。《明史·郑和传》："造大舶，修四十四丈，广十八丈者六十二"，此云宝舡六十三号，其数大致相同，殆为初下西洋时船数，而永乐七年之役仅存四十八号也。《郑和传》有士卒两万七千八百余人，祝允明《前闻记》有两万七千五百五十员名，数各不同。殆各据当时下西洋人数而言也。
⑦ 乾隆本《长乐县志·祥异门》云："永乐十年三宝太监驻军十洋街，人物辏集如市。"足证每次海行必泊长乐。

港曰新洲①，西抵交趾，北连中国。他番宝船到彼，其酋长头戴三山金花冠，身披锦花手巾，臂腿四腕，俱以金镯，足穿玳瑁履，腰束八宝方带，如妆塑金刚状。乘象，前后②拥随③番兵五百余，或执锋刃短枪，或舞皮牌，搥善④鼓，吹椰笛壳筒。其⑤部领皆乘马出郊迎接诏赏，下象膝行，匍匐感沐天恩，奏⑥贡方物。

其国所产，巨象、犀牛甚多，所以象牙、犀角广贸别国。棋楠香在一山所产，酋长差人看守采取，禁民不得采取，如有私偷卖者，露犯则断其手。乌木、降香，民下樵而为薪。气候常⑦热如夏，不见霜雪，草木长青⑧，随花随结⑨。供民以煮海为盐，田禾甚薄。其国之人，惟食槟榔裹荖⑩叶包蛎壳灰，行住坐卧不绝于⑪口。不解正朔，但看月生为初，月晦为尽⑫，如此十次盈亏为一岁，昼夜以善搥鼓十更为法。酋长及民下非至午不起，非至子不睡。见月则饮酒歌舞为乐⑬。酋长所居高广，屋宇门墙俱⑭砖灰氂砌，及坚硬之⑮木雕琢兽畜之形为华饰，外周砖垣。亦有城郭之备，练兵之具，药镞刀标之属。其部领所居，亦分等第，门高有限。民下编茅覆屋，门不过三尺，过

---

① 今安南（越南）归仁。
② 朱本、影本并作护。
③ 原脱随字，从朱本、影本补。
④ 原脱善字，从朱本、影本补。
⑤ 朱本、影本并作及。
⑥ 朱本、影本作奉。
⑦ 原脱常字，从朱本、影本补。
⑧ 朱本、影本并作春。
⑨ 朱本、影本并作随开随谢。
⑩ 三本均作萎，今改。
⑪ 朱本、影本并作其。
⑫ 朱本作月日之定，生为初，月晦为满。影本作月日之，但有月生为初，月晦为满。皆有脱文。
⑬ 朱本、影本并作美。
⑭ 朱本、影本并作以。
⑮ 原脱之字，从朱本、影本补。

则即罪之。一国之食，鱼不腐烂不食，酿不生蛆不为美。造酒以米和药丸干持入瓮中，封固如法收藏，日久其糟生蛆为佳酝。他日开封，用长节竹竿三四尺者，插入糟瓮中，或团坐五人十人，量人入水多寡，轮次吸竹引酒入口，吸尽再入水，若无味则止，有味封留再用。

岁时①纵人采生人之胆，鬻于官，其酋长或部领得胆入酒中，与家人同饮，又以浴身②，谓之曰通身是胆③。相传尸④头蛮者，本是妇人也，但无瞳人为异。其妇与家人同寝，夜深飞头而去，食人秽物⑤，飞头而回，复合⑥其体，仍活如旧。若知而封固其项，或移体别处，则死矣。人有病者，临粪时遭之⑦，妖气入腹，病者必死。此妇人亦罕有，民间有而不报官者，罪及一家⑧。番人爱其头，或有触弄其头者，必有生死之恨。

男女椎⑨髻脑后，花布缠头，上穿短布衫，腰围色⑩布手巾。其国无纸笔之具，但将⑪羊⑫皮搥薄薰黑，削细竹为笔，蘸白灰书字，若

---

① 原脱时字，从朱本、影本补。
② 前四字朱本、影本无。
③ 此本《岛夷志略》占城条，原文云："岁以上下元日纵诸人采生人胆，以鬻官家。官以银售之，以胆调酒，与家人同饮。云同身是胆，使人畏之，亦不生疿疠也。"
④ 朱本作尸，影本误户。
⑤ 前二字，朱本、影本作粪尖。
⑥ 原缺合字，从朱本、影本补。
⑦ 前五字，朱本、影本作过食其粪。
⑧ 此本《岛夷志略》宾童龙条，原文云："其尸头蛮女子害人甚于占城，故民多庙事而血祭之。蛮亦父母胎生，与女子不异，特眼中无瞳人，遇夜则飞头食人粪尖。头飞去，若人以纸或布掩其项，则头归不接而死。凡人居其地，大便后必用水净浣，否则蛮食其粪，即逐臭与人同睡。倘有所犯，则肠肚皆为所食、精神尽为所夺而死矣。"
⑨ 三本皆作堆，今改。
⑩ 原作花，从朱本、影本改。
⑪ 前二字，原作以，从朱本、影本改。
⑫ 原作牛，从朱本、影本改。

蚯蚓委曲之状。语言燕鴃①，全凭通事传译。

诗　曰：

圣运承天统，雍熙亿万春。元戎持使节，颁诏抚夷民。莫谓江山异，同沾雨露新。西连交趾塞，北接广南津。酋长尤崇礼，闻风感圣人②。棋楠宜进贡，乌木代③为薪。笔写羊皮纸，言谈鴃④舌人。角犀应自纵，牙象尚能驯。蛆酒奇堪酌，尸蛮怪莫陈。遥观光峤外，顿觉壮怀伸。采摭成诗句，摅诚献紫宸。

《纪录汇编》本

永乐七年，太宗皇帝命正使太监郑和、王景弘等统领官兵二万七千余人，驾海舶四十八号，往诸番国开读赏赐。是岁秋九月，自太仓刘家港开船，十月到福建长乐太平港停泊。十二月于五虎开洋，张十二帆，顺风十昼夜至占城国。其国临海有港曰新洲，西抵交趾，北连中国地。海船到彼，其酋长头戴三山金花冠，身披锦花手巾，臂腿四腕俱以金镯，足穿玳瑁履，腰束八宝方带，如妆塑金刚状。乘象，前后拥番兵五百余，或执锋刃短枪，或舞皮牌挝鼓，吹椰壳筒。其部领皆乘马出郊迎诏，下象膝行，匍匐感恩，奉贡方物。

其国所产巨象、犀牛甚多，象牙、犀角广贷别国。棋楠香在一山所产，酋长差人禁民不得采取，犯者断其手。乌木、降香樵之为薪。

天无霜雪，气候常热如夏。草木常青，随花随结。煮海为盐，禾稻甚薄。国人惟食槟榔，裹蒌叶，包蠔壳灰，行住坐卧不绝于口。

---

① 疑为鴃之讹。
② 朱本作仁。
③ 原缺代字，从朱本、影本补。
④ 鴃同雊，朱本、影本并作鹉。

不解正朔，但看月生为初，月晦为尽，如此十次盈亏为一岁，昼夜善挝鼓，十更为法。酋长及民下非至午不起，非至子不睡。见月则饮酒歌舞为乐。

酋长所居，屋宇门墙俱砖灰甃，及以坚木雕镂兽畜之形为华，外周砖垣。亦有城郭兵家之防，药镞刀标之属。其部领所居，亦分等第，门高有限。民下编茅覆屋。鱼不腐烂不食，酿不生蛆不为美。酒以米拌药丸干和入瓮中，封固，如法收藏，日久其糟生蛆为佳酝。他日开封，用长节竹干三四尺者，插入糟瓮中，或团坐五人，量人入水多寡，轮次吸竹引酒入口，吸尽再入水，若无味则止，有味留封再用。

酋长岁时采生人胆入酒中，与家人同饮，又以浴身，谓之通身是胆。

尸头蛮者，本是妇人，但无瞳神为异。其妇与家人同寝，夜深飞头而去，食人秽物，飞回复合其体，即活如旧。若知而封固其项，或移体别处，则死矣。人有病者，临粪时遭之，妖气入腹必死。此妇人亦罕有，民间有而不报官者，罪及一家。番人戏之触弄其头，必有生死之恨。

男女椎髻脑后，花布缠头，上穿短布衫，腰围花布手巾。

其国无纸笔，但将羊皮槌薄熏黑，削细竹为笔，蘸白灰书字，若蚯蚓委曲之状。语言㗻𠺕，全凭通事传译。

宾童龙国①

其国②与占城山地接连,有双溪涧,水澄清,佛书所云舍卫乞食,即其地也。目连所居遗址尚存③。人物、风土、草木、气候,与占城大同小异。惟丧礼之事,能持孝服,设佛事而度死者,择僻地而葬之。婚姻遇合,情意不忘,终乖人伦理。尸头蛮④者,比占城害之⑤尤甚,民多置庙,牲血祭之求禳⑥。酋长出入,或象或马,一如占城。王扮略同,从者前后百余人,执盾赞唱,曰亚曰仆⑦。地产棋楠香、象牙,货用金银、花布之属。民下编茅覆屋而居,亦如占城⑧。其食啖行止状貌,可笑可嗟矣!

---

① 宾童龙国,即 Panduranga, Phanrang。
② 影本下多一隶字。
③ 以上本《岛夷志略》,原文云:"佛书所称王舍城是也。或云目连屋基犹存。"
④ 前二字原倒误,影本、朱本误同,今改。
⑤ 前二字,朱本作之害。
⑥ 以上本《岛夷志略》,原文云:"其尸头蛮女子害人,甚于占城,故民多庙事而血祭之"云云。
⑦ 《岛夷志略》云:"国主骑象或马,打红伞,从者百余人,执盾赞唱,曰亚或仆。"
⑧ 朱本、影本此下多一异字。

诗 曰：

海峤宾童国，双溪水色清。目连生育处，佛氏乞游城。地①窄民居②少，山多野兽鸣。气融冰③不识，日暖草丛生。丧礼微知孝，婚姻略备情。尸蛮尝粪秽，妖庙祭牺牲。部领鸣鸦导，蛮酋坐象行。棋楠从土产，花布恁商营。搜缉遗风俗，公余仔细评。

《纪录汇编》本

其国与占城山地接连，有双涧水澄清，佛书所云舍卫乞食，即其地也。目连所居遗址尚存。人物、风土、草木、气候，与占城大同小异。惟丧事能持孝服，设佛而度死者，择僻地葬之。婚姻偶合。酋首出入，或象或马，一如占城。王从者前后百余人，执质赞唱，曰亚曰仆。地产棋楠香、象牙，货用金银、花布之属。民下编茅覆屋以居。

---

① 原作城，从朱本、影本改。
② 朱本作居民。
③ 原误水，从朱本、影本改。

灵　山①

其处与占城山地连接，其山②峻领③而方，石泉下绕如④带，山顶有石块似佛头，故名灵山⑤。民居星散，结网为业。田土肥，耕种一岁二收。气候之节，男女之礼⑥，与占城大同小异。

地产黑纹相对藤杖⑦，每条易斗锡一块，若粗大而纹疏者，一锡易杖三条。次有⑧槟榔、茗⑨叶，余⑩无异物，所产⑪。其往来贩舶，必于此樵汲⑫，以济日用。船⑬人斋沐三日，崇佛讽经，然放水灯彩船，

---

① 灵山，即 Cap Varella。
② 前九字朱本、影本无。
③ 朱本、影本作岭。
④ 前二字，朱本、影本无。
⑤ 前十二字，朱本、影本无。
⑥ 朱本、影本并作规。
⑦ 《岛夷志略》作藤枝。
⑧ 朱本、影本并作得。
⑨ 原作荖，朱本同，从影本及《岛夷志略》改。
⑩ 朱本、影本无余字。
⑪ 前二字，三本皆有，疑衍，否则此下应有脱文。
⑫ 前二字，朱本、影本作汲水采薪。
⑬ 朱本、影本并作舶。

以禳人船之灾。①

诗　曰：

灵山方石领②，其下有泉流。寥落民居少，丰登谷米稠。放灯祈佛福，赛愿便商舟。藤杖山中出，鱼虾海内求。梵经曾睹此，今日一遨游。

《纪录汇编》本

其处与占城山地连接，其山峻岭而方，有泉下绕如带，山顶有一石块，似佛头，故名灵山。民居星散，结网为业。田肥，耕种一岁二收。气候之节，男女之礼，与占城大同小异。

地产黑文相对藤杖，每条易斗锡一块，若粗大而纹疏者，一锡易杖三条。次有槟榔、蒌叶，余无异物。往来贩舶，必于此樵汲。舶人斋沐三日，崇佛诵经，燃放水灯彩船，以禳人船之灾。

---

① 此条亦多采《岛夷志略》文。
② 朱本、影本并作岭。

昆仑山①

其山节然瀛海之中，与占城及东西竺鼎峙相望。山高而方，根盘广②远，海人名曰昆仑洋③。凡往西洋商贩之舶④，必待顺风七昼夜可过。俗云："上怕七洲，下怕昆仑，针迷舵失，人船莫存。"⑤此山产无异物，人无居⑥室，而食山果鱼虾，穴居树巢而已⑦。

诗　曰：

鼎峙东西竺，节然瀛海区。惟愁针舵失，但念穴巢居。四季树生果，三餐虾与鱼。遐陬无别产，吟咏亦堪书。

《纪录汇编》本

其山节然瀛海之中，与占城及东西竺鼎峙相望。山高而方，根

---

① 昆仑山，即 Pulo Condore。
② 朱本、影本作旷。
③ 洋字疑衍。
④ 前二字，朱本、影本无。
⑤ 语出《岛夷志略》。
⑥ 原作屋，从朱本、影本改。
⑦ 末二字，朱本、影本作矣。

盘广远，海人名曰昆仑洋。凡往西洋贩舶，必待顺风七昼夜可过。俗云："上怕七洲，下怕昆仑，针迷舵失，人船莫存。"此山产无异物，人无居竃，而食山果鱼虾，穴居树巢而已。

交栏①山②

自占城、灵山起程，顺风十昼夜可至，③其山高而丛林、藤竹、舵杆、桅樯、篷箬，无所不备。胡元之时，命将高兴、史弼领兵万众，驾巨舶征④阇婆国，遭风至于交栏⑤山下，其船多损。随登此山，造船百号，复征阇婆得胜⑥，擒其酋长而归⑦。至今民居有⑧中国人杂处，盖此时有⑨病卒百余留养不归，遂传育于此⑩。气候常暑，少米谷⑪，以射猎为业⑫。男女椎⑬髻，穿短衫，系巫仑布。地产豹、熊、鹿皮、

---

① 原作拦，从朱本、影本改。
② 交栏山，即 Gelam Is.。
③ 前十四字，朱本、影本并旁注于国名下。
④ 朱本、影本作往。
⑤ 原作拦，从朱本、影本改。
⑥ 原脱得胜二字，从朱本、影本补。
⑦ 前二字，朱本作四国是知此之，影本作四国是此知之。
⑧ 此后朱本、影本多一义字。
⑨ 原脱有字，从朱本、影本补。
⑩ 前五字，朱本、影本作而传生育也。
⑪ 前三字，朱本、影本作米谷稀少。
⑫ 前五字朱本作民好射为业，影本作民好射猎为业。
⑬ 朱本、影本作堆。

玳瑁。贸易之①货用米谷、五色绢、青布、铜器、青碗之属。②

诗 曰③：

岌业交栏岛，丛林拥翠围。三春稀黍稷，四景有灾威。当脑盘髽髻，披肩挂短衣。熊皮多美丽，玳瑁甚稀奇。使节仍临莅，遗民亦愿归。遥观瞻山海，得句乐心机。

《纪录汇编》本

自占城、灵山起程，顺风十昼夜可至，其山高，而丛林、藤竹、舵杆、桅樯、篷箬，无所不备。胡元时，命将高兴、史弼领兵万众，驾巨舶征阇婆，因遭风至交栏山下，其船多损。乃登此山造船百号，复征阇婆，擒其酋长而归。至今居民有中国人杂处，盖此时病卒百余留养不归，遂传育于此。气候常暑，少米谷，以射猎为业。男女椎髻，穿短衫，系巫仑布。地产豹、熊、鹿皮、玳瑁。货用米谷、五色珠、青布、铜器、青碗之属。

---

① 前三字，从朱本、影本补。
② 此条多采《岛夷志略》勾栏山条之文。
③ 原脱诗，从朱本、影本补。

暹罗国①

自占城顺风十昼夜可至，②其国山形如城③，如④白石峭砺⑤。周围⑥千里，外山崎岖，内岭深邃。田平而沃，稼多⑦丰熟，气候常热。风俗劲悍，专尚豪强，侵掠邻境，削槟榔木⑧为标枪⑨，水牛皮为牌、药、镞等器，惯习水战。男女椎⑩髻，白布缠头。穿长衫，腰束青花色布⑪手巾。其酋长及民下谋议，⑫大小之事，悉决于妇。其男一听，

---

① 暹罗国，即 Siam。
② 影本国名下，旁注作自占城启程顺风十昼夜可至。
③ 原脱城字，从朱本、影本补。
④ 朱本、影本无如字。
⑤ 朱本、影本作峫，《岛夷志略》作厉。
⑥ 朱本、影本并作地周。
⑦ 原作穑，从朱本、影本改。
⑧ 原作槟木，朱本、影本作糠椰木，今改。
⑨ 朱本、影本无枪字。
⑩ 朱本、影本作堆。
⑪ 原脱色布二字，从朱本、影本补。
⑫ 前八字，原作其上下谋议，从朱本、影本改。二本此后尚多"百物出入钱谷，煮海为盐产"十一字，疑有错讹。

苟合无序，①遇我②中国男子甚③爱之，必置酒致待而敬之④，欢歌留宿。妇人多为尼姑，道士皆⑤能诵经持斋，服色略似中国之制⑥，亦造⑦庵观之所⑧。能⑨重丧礼之事⑩，人死气绝⑪，必用水银灌养其尸，而后择高阜之地，设佛事，即⑫葬之。酿蔗⑬为酒，煮海为盐⑭。俗以海𧴦代钱，通行⑮于市，每一万个准中统钞二十贯⑯。地产罗斛香，焚极清远，亚于沉香。次有⑰苏木、犀角、象牙、翠毛、黄蜡⑱、大风子油。货用青白花⑲磁器、印⑳花布、色绢、叚匹、金银铜铁、烧珠、水银、雨伞之属。其酋感慕天朝远惠，尝遣使捧金叶表文贡献方物㉑。

诗　曰：

海外暹罗国，山形似垒城。三春花草盛，九夏稻禾荣。竟日男

---

① 前八字，朱本、影本作"其男一听可与牝鸡之鸣为合无序"十四字。
② 原脱我字，从朱本、影本补。
③ 朱本、影本无甚字。
④ 前五字原作饮待二字，从朱本、影本改。
⑤ 原脱皆字，从朱本、影本补。
⑥ 原脱之制二字，从朱本、影本补。
⑦ 原作在字，从朱本、影本改。
⑧ 原脱之所二字，从朱本、影本补。
⑨ 朱本作已，影本作以。
⑩ 原脱之事二字，从朱本、影本补。
⑪ 前二字，朱本、影本作之时。
⑫ 原脱即字，从朱本、影本补。
⑬ 原误林，从朱本、影本改。
⑭ 前四字，朱本、影本无。
⑮ 原脱行字，从朱本、影本补。
⑯ 《岛夷志略》作准中统钞二十四两。
⑰ 原误其看，朱本误同，影本作其有，《岛夷志略》作次，今改。
⑱ 原误腊，从朱本改。
⑲ 朱本、影本无花字。
⑳ 朱本、影本无印字。
㉑ 末二十字朱本、影本无，此条多采《岛夷志略》文。

安坐，移时妇决行。髻端罗布白，腰下束花青。失序人伦乱①，无条礼②法轻。富尊酋长贵，豪侠庶民横。香翠通商贩，海𧓽如钞行。蛮戎钦帝德，金表贡神京。

《纪录汇编》本

自占城顺风十昼夜可至，其国山形如白石峭砺，周千里，外山崎岖，内岭深邃。田平而沃，稼多丰熟，气候常热。风俗劲悍，专尚豪强，侵掠邻境，削槟榔木为标枪，水牛皮为牌、药、镞等器，惯习水战。男女椎髻，白布缠头。穿长衫，腰束青花色布手巾。其上下谋议大小事，悉决于妇。其男听苟合无序，遇中国男子甚爱之，必置酒饮待，欢歌留宿。妇人多为尼姑，道士皆能诵经持斋，服色略似中国，亦造庵观。能重丧礼，人死气绝，必用水银灌养其尸，而后择高阜之地，设佛事葬之。酿林为酒，煮海为盐。地产罗斛香、大风子油、苏木、犀角、象牙、翠毛、黄蜡。以海𧓽代钱，每一万个准中统钞二十贯。货用青白花磁器、印花布、色段、金银铜铁、水银、烧珠、雨伞之属。其酋感慕天朝远惠，尝遣使捧金叶表文贡献方物。

---

① 原缺乱字，从朱本、影本补。
② 影本作理。

爪①哇国②

古名阇婆,自占城起程,顺风二十昼夜可至其国③。地广人稠,实甲兵器械,乃为东洋诸番之冲要④。旧传鬼子魔天,正于此地,与一罔象青面红身赤发相合。凡生子百余,常食啖人血肉。佛书所云鬼国,即此地也。其中⑤人被啖几⑥尽,忽一日雷石裂,中坐一人,众称异之,遂为国主,即领兵驱逐罔象而不为害。后复⑦生齿而安业,乃至今国之移文,后书一千三百七十六年。考之肇启汉初,传至我宣德七年。⑧

---

① 三本均作瓜,今改。
② 爪哇国,即Java。
③ 前十五字,朱本、影本并旁注在国名下。
④ 前二字原作雄,今从朱本、影本改。
⑤ 前六字朱本、影本作其中只此地也。
⑥ 朱本、影本无几字。
⑦ 原作设后,影本同,从朱本改。
⑧ 罗以智云:"《明史》云:'盖汉宣帝元康元年乃其建国之始也。'按元康元年丙辰,至宣德七年壬子,历二十五甲子,为一千四百九十七年,应肇启于东汉光武帝中元二年丁巳。"钧按:南海用塞迦纪年,晚于西历七十八年,其纪元之始,应在汉章帝建初四年,算至宣德七年,应为塞迦一千三百五十四年。此一千三百七十六年,当景泰五年。《明史》以汉宣帝元康元年为其纪元之始,盖史官之误算也。

港口以入去马头曰新村①。居民环接，编茭②樟叶覆屋，铺店连行为市，买卖聚③集。其国富饶，珍珠、金银、④鸦鹘、猫睛、青红等石，砗磲、玛瑙、豆蔻、荜茇、⑤栀⑥子花、木香、青盐，无所不有，盖在通商之处也。其鹦鹉、婴哥驯能言语歌曲。其倒挂鸟身如雀大，被⑦五色羽，日间焚香于其傍，夜则张羽翼而倒挂，张尾翅而放香。

民俗好凶强，但生子一岁，则置刀于被⑧，名曰不剌头，以金银象牙雕刻为鞘⑨。凡男子自幼至老，贫富皆有，插于腰间。若有争论，不通骂詈，即拔⑩刀刺之，强者为胜。设被杀之，藏躲三日而出⑪，即无事也。男子猱头裸身，惟腰围单带⑫手巾。能饮酌酒⑬，重财⑭轻命。妇人亦然，惟项上金珠联细带之，两耳塞茭⑮樟叶圈于窍中。其丧事，凡其主翁⑯之死，婢妾之众而对誓曰⑰："死则同往。"临殡之日，妻妾奴婢皆满头带花草，披五色手巾，随尸至海边或野地，将尸于沙地，得众犬食尽为好。如食不尽，则悲泣号歌。柴堆⑱于傍，众

---

① 《瀛涯胜览》云："新村番名曰革儿昔。"
② 三本皆误菱，今改。
③ 原误娶，从朱本、影本改。
④ 朱本作宝。
⑤ 前二字原作菱，朱本作华菱，影本作荜菱，《瀛涯胜览》爪哇土产有荜拨，则原脱荜字，而又误茇作菱矣。
⑥ 原误把，从朱本、影本改。
⑦ 朱本、影本作披。
⑧ 朱本、影本作背。
⑨ 朱本、影本误靴，《瀛涯胜览》作柄。
⑩ 原误按，从朱本、影本改。
⑪ 此后原有去字，从朱本、影本删。
⑫ 影本同，朱本作布。
⑬ 影本同，朱本作酌酒。
⑭ 原误则，从朱本、影本改。
⑮ 原误菱，影本误同，从朱本改。
⑯ 原作公，从朱本、影本改。
⑰ 前四字，朱本作相对而誓曰。
⑱ 朱本作堆柴。

妇坐①其上，良久之际，纵火烧柴②而死，则殉葬之礼也。

苏鲁马益③，亦一村地名也，为市聚货商舶米粮港口。有洲聚猢狲数百，传闻于唐时，其家五百余口，男妇凶恶，忽一日有僧至其家，乃言吉凶之事，其僧取水噀之，俱化为猢④猴，止留其老妪不化。今存旧宅，本处及商者常设饮食、槟榔、花果、肉类而祭之，不然，则祸福甚有验也。此怪诞之事，本不可记⑤，尤可为之戒矣。

杜板一村，亦地名也。海滩有水一泓，甘淡可饮，称曰圣水。元时使将史弼、高兴因征其国经月不下雨，舟中乏粮，军士失措。史高⑥二将拜天祝曰："奉命伐蛮，如天与水即生，不与之则⑦死。"祝之，插枪咸⑧苦海滩，其泉水随枪涌出，水味甘甜，众军吸而饮之。乃令曰："天赐助尔。"兵威大振，喊声奋杀，番兵百万余众悉皆败走。遂已登岸，随杀随入，生擒番人煮而食之，至今称为中国能食人也。获囚酋长归国，服罪放归，改封为爪⑨哇国王也。钦遵我朝皇上遣正使太监郑和等节该赍⑩捧诏敕赏赐国王、正妃及其部领、村王⑪、民下，草木咸受天福。其国王臣既沐天恩，遣使络绎不停，擎捧金筒金叶表文，贡献方物。

---

① 原作于，从朱本改。
② 前二字，原倒误，从朱本、影本改。
③ 《瀛涯胜览》一作苏儿把牙，今华侨名其地曰泗水。
④ 原误称，罗校作猿，今从朱本、影本改。
⑤ 原误计，从朱本改。
⑥ 原作高史，从朱本、影本改。
⑦ 原作即，从朱本、影本改。
⑧ 三本皆作醎，今改。
⑨ 三本皆误瓜，今改。
⑩ 原误斋，影本作赍，从朱本改。
⑪ 三本皆作王，疑为主之误。

诗 曰：

古是阇婆国，曾遭鬼母殃。震雷惊石裂，深穴见人藏。欢忭①皆知异，扶持众立王。人民从教化，罔象被驱亡。妇女夸家富②，男儿纵酒强。婴哥时刷翠，倒挂夜分香。婚娶吹椰壳，人随御竹枪。田畴禾稼盛，商贾货财昌。洲上③猕猴聚，溪边祭祀忙。蛮夷遵圣诏，永世沐恩光。

《纪录汇编》本

古名阇婆，自占城起程，顺风二十昼夜可至其国。地广人稠，甲兵为东洋诸番之雄。旧传鬼子魔天与一罔象青面红身赤发相合。凡生子百余，常食啖人血肉。佛书所云鬼国，即此地也。其中人被啖几尽，忽一日雷石裂，中坐一人，众称异之，遂为国主，即领余众驱逐罔象而除其害。复生齿安业，至今其国之遗文后书一千三百七十六年。考之肇在汉时，至我大明宣德七年矣。

其港口入去马头曰新村。居民环接，编茭樟叶覆屋，铺店连行为市买卖。其国富饶，珍珠、金银、鸦石、猫睛、青红等石，砗磲、玛瑙、豆蔻、荜茇、子花、木香、青蓝，无所不有，盖通商旅最众也。其鹦鹉、鹦哥、孔雀能驯言语歌曲。其倒挂鸟身形如雀，而羽五色，日间焚好香则收而藏之羽翼间，夜则张尾翼而倒挂以放香。

民好凶强，生子一岁便以匕首配之，名曰不剌头，以金银象牙雕琢为靶。凡男子老幼贫富皆配于腰间。若有争罝，即拔刃相刺。盖杀人逃三日而出，即无事矣。男子猱头裸身，腰围单布手巾。能

---

① 原作朴，从朱本改。
② 前二字原倒误，从朱本、影本改。
③ 原缺上字，从朱本、影本改。

饮酗酒，重财轻命。妇人亦然，惟项金珠联纫带之，两耳塞茭樟叶圈于窍中。其丧事，凡主翁之死，婢妾辈相对而誓曰："死则同往。"临殡之日，妻妾奴婢皆满头簪草花，披五色手巾，随尸至海边或野地，异尸于沙地，俾众犬食尽为好。如食不尽，则悲歌号泣。堆柴于旁，众妇坐其上，良久乃纵火烧柴而死，盖殉葬之礼也。

苏鲁马益，一地名也，为市聚货商舶米粮港口。有聚猢狲数百，相传唐时其家五百余口，男妇凶恶，忽一日有僧至其家，与言吉凶之事，其僧取水噀之，俱化为猿猴，止留一老妪不化。今存旧宅，土人及商者常设饭食、槟榔、花果、肉类以祭之，不然，则祸甚验也。

杜扳一村之地名也。海滩有水一泓，甘淡可饮，称为圣水。元时使将史弼、高兴征其国，经月不下，舟中乏水粮尽，二将拜天祝曰："奉命伐蛮，若天与我水即生，不与则死。"遂插枪咸苦海滩，其泉水随枪涌起，水味甘甜，众军汲而饮之。乃令曰："天赐助我，可力战也。"兵威由是大振，喊声奋击，番兵百万余众悉皆败走。乘胜长驱，生擒番人烹而食之，至今称中国能食人也。遂获酋长以归，既服罪，寻放还，仍封为爪哇国王。我朝太宗文皇帝遣正使太监郑和等捧诏敕赏赐国王、正妃及其部领村主咸受天赐。其国王遣使络绎进贡方物。

旧 港①

古名三佛齐国，自爪②哇国起程，顺风八昼夜至。③自港入去，田土甚肥，倍于他壤。古云："一季种谷，三季生金"，言其米谷盛而为金也。④民故富饶。俗嚚好淫，有操略，水战甚惯。其处水多地少，部领者皆在岸边，居室之用⑤匝民仆而宿，其余民庶皆置木筏上，盖屋而居。若近溪船，以木桩拴闸，设其水涨，则筏浮起，不能淹没也。或欲别居，起桩去之，连屋移拔，不劳其力。此处之民，爪⑥哇所辖，风俗与爪⑦哇大同小异。地产黄熟香、速⑧香、降香、沉香、黄蜡并鹤顶之类。货用烧炼五色珠、青白磁器、铜鼎、五色布绢、色叚、大小磁器、铜钱之属。永乐三年，我朝太宗文皇帝命正使太监

---

① 旧港，即 Palembang。
② 三本皆误瓜，今改。
③ 前十二字，朱本、影本旁注在国名下。
④ 《岛夷志略》云："一年种谷，三年生金，言其谷变而为金也。"
⑤ 罗校作周。
⑥ 三本皆误瓜，今改。
⑦ 三本皆误瓜，今改。
⑧ 前二字原误番速，影本误番迷，从朱本改。

郑和等，统领舟师往诸番国。海寇陈祖义①等聚众②三佛齐国，抄掠番商，亦来犯我舟师，被我正使深机密策，若张网获兽而殄③灭之，生擒厥魁，献俘阙下，由此海内振肃。

诗曰：

濒海沙泥地，田禾熟倍金。男儿多狠暴，女子甚哇媱。地僻蛮夷逆，天差正使擒。俘囚献阙下，四海悉钦遵。

《纪录汇编》本

古名三佛齐国，自爪哇顺风八昼夜可至其处。自港口入去，田土甚肥，倍于他壤。古云："一季种谷，三年生金"，言其米谷盛而多贸金也，民故富饶。俗嚣好媱，水战甚惯。其处水多地少，部领者皆在岸造屋居之，周匝皆仆从住宿，其余民庶皆于木筏上盖屋而居，以木桩拴闸，或水长则筏浮起，不能没也。或欲别居，起桩去之，连屋移徙，不劳财力。今为爪哇所辖，风俗与爪哇大同小异。地产黄熟香、速香、降香、沉香、黄蜡、鹤顶之类。货用烧炼五色珠、青白磁器、铜鼎、五色布绢、色叚、大小磁瓷、铜钱之属。永乐十三年郑和等统舟师往诸番国。海寇陈祖义等聚众三佛齐国抄掠番商，欲来犯我舟师，和等伏兵败之，生擒厥魁，献俘阙下，由是薄海内外罔不清肃。

---

① 原误文，从朱本、影本改。
② 原脱众字，影本同，朱本作众，应脱聚字，今补。
③ 原误珍，从朱本、影本改。

满剌加国①

其处旧不称国，自旧港起程，顺风②八昼夜至此。③傍海居之④，山孤人少。受降于暹罗，每岁输金四十两以为纳税。田瘠少收。内有一山泉流溪下，民以流中淘沙取锡，煎销成块，曰斗块⑤，每块重官秤一觔四两，及织蕉心簟，惟以斗锡通市，余无产物。气候朝热暮寒。男女椎⑥髻，身肤黑漆，间有白者，唐人种也。俗尚惇厚，以淘钓⑦于溪，网⑧渔于海。房屋如楼阁，即不铺设，但有不⑨条稀布，高低层次，连床就榻，箕倨⑩而坐，饮食厨厕俱在其上也。货用青白磁器、五色烧珠、色绢、金银之属。永乐七年，皇上命正使太监郑和

---

① 满剌加国，即 Malaka。
② 顺风二字原无，从朱本、影本补。
③ 前十二字，朱本、影本并旁注在国名下。
④ 居之二字，原倒误，从朱本、影本改。
⑤ 原误魁，罗校作锡，今从朱本、影本改作块。
⑥ 三本皆作堆，罗校作椎，今从之。
⑦ 原误淘钧，朱本误陶钧，从影本改。
⑧ 原误纲，从朱本、影本改。
⑨ 三本皆作不，疑为木之误。
⑩ 原作居，从朱本改。

等赍①捧诏敕，赐以双台银印、冠带袍服，建碑封域②，为满剌加国，其暹罗始不敢扰。永乐十三年③，酋长感慕圣恩，挈妻携子贡献万物，涉海朝谢，圣上赏劳归国。

诗　曰：

满剌村寥落，山孤草木幽。青禾田少种，白锡地多收。朝至热如暑，暮来凉似秋。蠃④形漆肤体，椎⑤髻布缠头。盐煮海中水，身居栅上楼。夷区风景别，赋咏采其由。

《纪录汇编》本

其处旧不称国，自旧港顺风八昼夜可至。其国傍海，山孤人少。受弱于暹罗，每岁输金四十两为税。田瘠少收。内有山泉流为溪，于溪中淘沙取锡，煎成块，曰斗锡，每块重官秤一斤四两，及织芭蕉心簟，惟以斗锡通市，无他产。气候朝热暮寒。男女椎髻，身肤黑漆，间有白者，唐人种也。俗尚淳厚，民淘锡、网鱼为业。屋如楼阁，而不铺板，但用木高低层布，连床就榻，箕倨而坐，饮食厨厕俱在上。货用青白磁器、五色烧珠、色绢、金银之属。永乐七年，郑和等捧诏敕赐银印、冠带袍服，建碑封为满剌加国，暹罗始不敢扰。永乐十三年，酋长感慕圣恩，挈妻子涉海入朝，贡方物，赏劳之，使归国。

---

① 原误齐，从朱本改。
② 朱本作城。
③ 原作七年，罗校作十三年，与影本合，今从之。朱本作十二年，亦误。
④ 疑为蠃之误。
⑤ 三本皆作堆，罗校作椎，今从之。

九洲①山②

其山与满剌加国接境。产沉香、黄熟香,水③木丛生,枝叶茂翠。永乐七年,正使太监郑和等差官兵入山采香,得径有④八九尺、长八九丈者六株,香清味远,黑花细纹,其实罕哉!番人皆张目吐舌,悉皆称赞天兵之力。赑赑之神,蛟龙⑤走,兔⑥虎奔也。

诗　曰:

九洲⑦山色秀,远见郁苍苍。四面⑧皆环海,满枝都是香。树高承雨露,岁久表⑨祯祥。采伐劳天使,回朝献帝王。

---

① 原作州,从朱本、影本改。
② 九州山,即 Pulo Sembilan。南海群岛中名九洲者不止一处,伯希和谓此九洲应在苏门答剌岛淡洋(Tamiang)港之南,唯本条有其山与满剌加国接境语,所指者似为马来半岛之九洲山。
③ 疑为林之讹。
④ 前五字,原作采得有经四字,从朱本改,影本同朱本,唯误径作经。
⑤ 原脱龙字,从朱本补。
⑥ 原脱兔字,从朱本、影本补。
⑦ 原作州,从朱本、影本改。
⑧ 朱本作鄙,影本误海。
⑨ 原误岁,朱本缺,从影本改。

《纪录汇编》本

其山与满剌加近。产沉香、黄熟香,林木丛生,枝叶茂翠。永乐七年,郑和等差官兵入山采香,得径有八九尺、长六七丈者六株,香清味远,黑花细纹。山人张目吐舌,言我天朝之兵威力若神。

苏门答剌国①

古名须文达那②,与花面国相近。村落傍海,田瘠少收。胡椒广产,椒藤延附树木而生,其叶如匾豆③,其花开黄白,结椒乃累垂如棕榈子而粒少也。只番秤一播荷④,抵我⑤官秤三百二十觔,价银钱二十个,重银⑥六两。金抵纳⑦即⑧金钱也,每四十八个,重金一两四分⑨。风俗颇淳。民下网鱼为生,朝驾独木刳舟张帆而出海,暮则回舟。男子头缠白布,腰围折布,妇女椎⑩髻裸体,腰围色布手巾。产鹤顶。其瓜、茄、橘、柚酸甜之果,一种五年常花常结。有一等果皮

---

① 苏门答剌国,即 Samudra。今地在苏门答剌岛西北(Pasè)河沿岸,《明史》谓后改名曰哑齐(Achin),误也。
② 《岛夷志略》作须文答剌。
③ 原误作额,影本作苴,从朱本改。
④ 原误荷,影本误同,朱本作苛,从《瀛涯胜览》柯枝条译名改。
⑤ 原作家,影本同,从朱本改。
⑥ 原误钜,影本误同,从朱本改。
⑦ 《瀛涯胜览》作底那儿。
⑧ 原误银,影本误同,从朱本改。
⑨ 影本同,《西洋朝贡典录》亦作一两四分,唯朱本及四卷本作五两二钱。
⑩ 三本皆作堆,今改。

若荔枝①，如瓜大，未剖之时，甚如烂蒜之臭，剖开取囊如酥油②，美香可口③。煮海为盐。货用青白磁器、铜钱、金银、爪④哇布、色绢⑤之属。永乐十一年，伪王苏斡⑥刺寇窃其国，王遣使赴阙⑦陈诉请救，上命正使太监郑和等统率官兵剿捕，生擒伪王。至永乐十三年归献阙下，诸番振服。

诗　曰：

一览苏门境，山泉划⑧界流。胡椒林抄结，民屋海边幽。地瘠⑨收禾薄，山高产木稠。三春沾雨浩，四季瘴烟浮。男子头缠布，婴孩体木猴。瓜茄常岁有，橘柚不时收。朝热浑⑩如暑，暮寒还似秋。精盐色霜雪，臭果味酥油。若个夷风俗，中华⑪解此否。

《纪录汇编》本

古名须文达那，自满刺加顺风九昼夜可至，其国傍海村落，田瘠少收。胡椒蔓生，延蔓附树，枝叶如扁豆，花间黄白，结椒乃累垂如棕榈子但粒小耳。番秤一播荷，抵我官秤三百二十斤，价银钱二十个，重银六两。金抵纳，即金钱也，每二十个重金五两二钱。风俗颇淳。民网鱼为生，朝驾独木刳舟张帆出海，暮则回舟。男子

---

① 此下原多皮若荔枝四字，影本同，从朱本删。
② 原脱油字，从朱本、影本补。
③ 原脱可口二字，从朱本补。
④ 三本皆作瓜，今改。
⑤ 前五字原作瓜哇瓜色。色绢，从朱本、影本改。
⑥ 原脱斡字，从朱本补，影本作幹。
⑦ 原误关，朱本误同，从影本改。
⑧ 原误割，从影本补。
⑨ 原误，从朱本、影本改。
⑩ 原缺浑，从朱本、影本补。
⑪ 原误苹，从朱本、影本改。

发缠白布，腰围梢布，妇女椎髻裸体，腰围色布手巾。其瓜茄一种五年结子再种。橘柚酸甜之果常花常结。其一等瓜，皮若荔枝，如瓜大，未剖之时甚臭，如烂蒜，剖开如囊，味如酥油，香甜可口。煮海为盐，酿茭樟子为酒。货用青白磁器、铜铁、爪哇布、色绢之属。永乐十一年，伪王苏干剌寇侵本国，酋长遣使赴阙陈诉请救，太宗皇帝命郑和等就率官兵剿捕，生擒伪王。至永乐十三年归献阙下，诸番震服。

花面国①

其处与苏门答剌国接境。逶迤②山地,田足稻禾。气候不常,风俗尚③厚。男女大小皆以黑汁刺面为花兽之状④。猱头裸体,单布围腰。孳生牛羊,鸡鸭罗布⑤。强不夺弱,上下自耕自食,富不倚骄,贫不生盗,可为一区之善⑥也。⑦

诗　曰:

蛮域观风异,融和草木深。山高分地界,物阜慰民心。腰布羞还掩,颜花墨半侵。牛羊迷绿野,鸡鸭卖黄金。颇富知仁义,虽贫肯滥淫?那堪采夷俗,援笔写新吟。

---

① 花面国,即Battak。《瀛涯胜览》一作那孤儿。
② 原误远迤,影本误同,罗校作逶迤,今从之。朱本作逶逻,殆为逶迤之误。
③ 朱本作淳。
④ 前五字原作花兽之面,影本同,今从朱本改。
⑤ 原误市,影本误同,从朱本改。
⑥ 原误宜,影本误同,从朱本改。
⑦ 罗以智云:"按《说海》本末有'地产香味,青莲花近布,那孤儿一山产硫黄,我朝海船驻扎苏门答剌,差人于其山采取硫黄,货用段帛磁器之属'。"

《纪录汇编》本

其国与苏门答剌邻境，傍南巫里洋，逶迤山地，田足稻禾。气候不常，风俗淳厚。男子皆以墨刺面为花兽之状。猱头裸体，单布围腰，妇女围色布，披手巾，椎髻脑后。地多出牛羊，鸡鸭罗布。强不夺弱，上下自耕自食，富不骄，贫不盗，可谓善地矣。地产香味青莲花近布，那姑儿一山产硫黄。我朝海船驻札苏门答剌，差人船于其山采取硫黄。货用段帛磁器之属，其酋长感慕恩赐，常贡方物。

龙牙犀角①

其地内平而外尖，民下蚁附而居之。气候常热，田禾勤熟。俗尚淳厚。男女椎②髻，围麻逸③布，穿短衫。以亲戚尊长为重，一日不见，则携酒④持肴而问安。煮海为盐，酿秫为酒。地产沉速⑤、降真、黄熟香、鹤顶、蜂蜜、砂糖。货用土印布、八都刺布、青白磁器之属。⑥

诗　曰：

遥望兹山势，龙牙犀角⑦峰。居民⑧如蚁附，椎⑨髻似猴容。汲海盐煎雪，悬崖蜜掇蜂。布稍围⑩体厚，秫米造浆浓。气候常同夏，

---

① 龙牙犀角，即 Lenkasuka。地在马来半岛，古之狼牙修也。
② 三本皆作堆，今改。
③ 原作迤，从朱本、影本改。
④ 原误手，从朱本、影本改。
⑤ 原误迷，影本误同，朱本作连，今改。
⑥ 罗以智按：《说海》本，首有"离麻逸冻顺风三昼夜程"。
⑦ 原误象，从朱本、影本改。
⑧ 原倒误作民居，从朱本、影本改。
⑨ 三本皆作堆，今改。
⑩ 原误为，影本误同，从朱本改。

林花不①较冬。问安行礼节，千载见遗风。

《纪录汇编》本②

其地离麻逸冻顺风三昼夜程，内平而外峰，民蚁附而居。气候常热，田禾勤熟。俗尚敦厚。男女椎髻，围麻逸冻布，穿短衫。以亲戚尊长为重，一日不见，则携酒持肴问安。煮海为盐，酿秫为酒。地产沉速、降真、黄蜡、鹤顶、蜂蜜、砂糖，货用印花布、八察都布、青白花磁器之属。

① 原误夏，从朱本、影本改。
② 地名作龙牙加貌。

龙涎屿①

独然南立海中,②此屿浮艳海面,波击云腾③。每至春间,群龙所④集,于上交戏,而遗涎沫。番人乃架独木舟登此屿,采取而归。设遇风波,则人俱下海,一手附舟傍,一手楫水而至岸也。其龙涎初若脂胶,黑黄色,颇有鱼腥⑤之气,久则成就大泥⑥。或大鱼腹中剖出,若斗大⑦圆珠,亦觉鱼腥⑧,间焚之,其发清香可爱。货于苏门之市,价亦非轻,官秤一两,用彼国金银十二个,一斤该金钱一百九十二个,准中国铜⑨钱四万九十⑩文,尤其贵也。

---

① 龙涎屿,即 Bras Is.。
② 应从四卷本作"独立南巫里洋中"。
③ 原误被击云滕,影本作彼击云腾,从朱本改,罗改作波激云腾。
④ 朱本作来。
⑤ 原作鲤,从朱本、影本改。
⑥ 影本同,朱本作块。
⑦ 前二字,原作团,从朱本、影本改。
⑧ 原作鲤,影本同,从朱本改。
⑨ 此下多一铜字,应衍。
⑩ 朱本作千。

诗　曰：

一片平方石，群龙任往还。身腾①霄汉上，交戏海波间。吐沫人争取，拿舟路险难。边夷曾见贡，欢笑动天颜。

《纪录汇编》本

望之独峙南巫里洋之中，离苏门答剌西去一昼夜程，此屿浮滟海面，波击云腾。每至春间，群龙来集，于上交戏而遗涎沫。番人拿架独木舟，登此屿，采取而归。或风波，则人俱下海，一手附舟旁，一手揖水而得至岸。其龙涎初若脂胶，黑黄色，颇有鱼腥气，久则成大块。或大鱼腹中刺出，若斗大，亦觉鱼腥，焚之清香可爱。货于苏门答剌之市，官秤一两，用彼国金钱十二个，一斤该金钱一百九十二个，准中国铜钱九千个，价亦非轻矣。

---

① 原误胜，从朱本、影本改。

翠蓝屿①

其山大小有七门，中可行②船。传闻释迦佛经此山，浴于水，被窃其袈裟，佛誓③云："后有穿衣者，必④烂⑤皮肉。"由此男女削发无衣，仅⑥有树叶纫结而遮前后。米谷亦无，惟在海网捕鱼虾，及蕉、椰子之为食啖也。⑦然⑧闻此语，未可深信。然其往来未得泊其山下。宣德七年壬子十月二十三日，风雨水不顺，偶至此山泊系三日夜，山中之人驾独木舟来货椰实，舟中男妇果如前言，始知不谬矣。⑨

诗　曰：

浩荡翠蓝屿，丛林茂不疏。人形其兽类，椰实以瓜粗。腰掩草

---

① 翠蓝屿，即 Nicobar Is.。
② 朱本、影本作过。
③ 原作谢，影本作势，从朱本改。
④ 原脱必字，从朱本、影本补。
⑤ 朱本下多一其字。
⑥ 朱本、影本作近。
⑦ 此岛首见义净《大唐西域求法高僧传》卷下，名曰裸人国，《瀛涯胜览》名曰裸形国，附见锡兰条。
⑧ 影本同，朱本作虽。
⑨ 罗以智云："按《说海》本首有'在龙涎之西北五昼夜程'。"

微有，头髡发竟无。几①番挥笔写，堪记不堪图。

《纪录汇编》本

其山在龙涎之西北五昼夜程。大小七门，门中皆可过船。传闻释迦佛昔经此山，浴于水，被窃其袈裟，佛誓云："后有穿衣者，必烂其皮肉。"由此男女今皆削发无衣，止用树叶纫结而遮前后。米谷亦无，惟下海网鱼虾，及种芭蕉、椰子为食。然船去未尝得泊山下。宣德壬子十月二十二日，因风水不偶至此山泊系三日夜，山中之人驾独木舟来货椰实，舟中男妇果如前言。

---

① 原误机，从朱本、影本改。

锡兰山国①

其国地广人稠，货物各②聚，亚于爪③哇。国有高山，参天之丛山，山顶产有青美盘石、黄鸦鹘石、青红宝石，每遇大雨，冲流山下沙中寻拾得者。其海傍有珠帘沙，常此④网取螺蚌，倾入珠池内，作烂淘珠为用而货也。海边有一盘⑤石，上印足迹，长三尺许，常有水不干，称为先世释迦佛从翠蓝屿来登此岸，足蹑⑥其迹，至今为圣迹也。山下有一寺，称为释迦佛涅磐真身在寺侧卧尚存，亦有舍利子在其寝处。气候常热。俗朴富饶，米谷足收。地产宝石、珍珠、龙涎、乳香，货用金银铜钱、青花白磁、色段色绢之属。男女缠头，穿长衫，围单布。永乐七年，皇上命正使太监郑和等赍捧诏敕，金银

---

① 锡兰山国，即 Silan, Ceylan。
② 四卷本作多。
③ 三本皆作瓜，今改。
④ 朱本作以。
⑤ 原误磐，从朱本、影本改。
⑥ 原误嗳，从朱本、影本改。

供器、彩妆、织金宝幡，布施于寺，及建石碑①，以崇皇图之治，赏赐国王头目。其王亚烈苦奈儿②负固不恭，谋害舟师。我正使太监郑和等深机密策，暗设兵器，三令五申，使众衔枚③疾走，夜半之际，信炮一声，奋勇杀入，生擒其王。至永乐九年，归献阙下。④寻蒙恩宥，俾复归国，四夷悉钦。⑤

诗 曰：

地广锡兰国，营商亚爪⑥哇。高峰生宝石，大雨杂泥沙。净水宜眸子，神光卧释迦。池深珠灿烂，枝茂树交加。出物奇偏贵，遗风富且奢。立碑当圣代，传诵乐⑦无涯。

《纪录汇编》本

其国自苏门答剌顺风十二昼夜可至，其国地广人稠，货物多聚，亚于爪哇。中有高山参天，山顶产有青美蓝石、黄鸦鹘石、青红宝石，每遇大雨冲流山下沙中拾取之。其海旁有珠帘沙，常以网取螺蚌倾入池中，作烂淘珠货之。海边有一盘石，土印足迹，长三尺许，常有水不干，称为先世释迦佛从翠蓝屿来登此山，足蹑其迹，至今常存也。下有寺，称为释迦佛涅槃真身侧卧在寺，亦有舍利子在其

---

① 此碑已在民国初年发现，吾友向觉明达近从伦敦抄寄碑文，首曰："大明皇帝遣太监郑和、王清濂等昭告于佛世尊"云云，后列"布施金银、织金、纻丝、宝幡、香炉、花瓶、彩丝、表里、灯烛等物"，末题"永乐七年岁次己丑二月甲戌朔日谨记"，下有番字，一种是 Tamil 文，一种是波斯文。唯山本达郎在《郑和西征考》(《东洋学报》第二十一卷) 中谓所见此碑拓本，第二人名作王贵通。
② 原误亚列若茶鬼，朱本同，唯列作烈，影本作亚烈苦荼鬼。并误，今改正。
③ 原误救，从朱本、影本改。
④ 《明太宗实录》卷一一六记载此役较详。
⑤ 罗以智云："按《说海》本首有'自苏门答剌顺风十二昼夜可至'。"
⑥ 三本皆作瓜，今改。
⑦ 前二字原缺，从朱本、影本补。

寝处。气候常热。民俗富饶，米谷丰足。地产宝石、珍珠、龙涎香、乳香，货用金钱铜钱、青花白磁器、色段色绢之属。男女绕头，穿长衫，围单布。永乐七年，郑和等赍诏敕，金银供器、彩妆、织金宝幡，布施于寺，及建石碑，赏赐国王头目。其王亚烈苦奈儿负固不供，谋害舟师。太监郑和潜备，先发制之，使众衔枚疾走，半夜闻炮，则奋击而入，生擒其王。至永乐九年，归献阙下。寻蒙恩宥，俾复旧国，由是四夷畏威怀德，莫不向化矣。

小唝喃国①

　　山连赤土，地接下里②，日中为市，西洋诸国之马头也。本国流通使用金钱名倘伽，数③个重八分。金钱名吧喃④，四十个准大金钱一个，以便民也。田瘠⑤而谷少，岁籴⑥榜葛剌米足食。气候⑦常热，风淳俗美，男少女多，有南毗⑧人。地产胡椒，亚于下里⑨。干槟榔、波罗密、色布、其木香、乳香、真珠、珊瑚、酥油、孩儿茶、栀⑩子花，皆自他国也。货用丁香、豆蔻、苏木、色叚、麝香、金银铜器、铁线、黑铅之属。

---

① 小唝喃国，即 Kulam, Qulion。小唝喃译名出《岛夷志略》，《明史》作小葛兰，出《瀛涯胜览》。
② 三本皆作下里，罗校改作古里，误。下里城昔在印度西岸 Cannanore，今废。元时《马可波罗行记》已有著录。
③ 三本皆作数，应从四卷本作每。
④ 《瀛涯胜览》柯枝条作法南，古里条作吧南。
⑤ 原误，从朱本、影本改。
⑥ 三本皆作籍，疑为藉之误。
⑦ 原误俱，从朱本改。
⑧ 朱本作喃毗，影本作南北，《诸蕃志》亦作南毗。
⑨ 三本皆作下里，罗校改作古里，误。
⑩ 原误作桅，从朱本、影本改。

诗　曰：

西海唄喃国，诸番货殖通。人情应各别，花木揔①相同。珠子光涵②白，珊瑚色润红。何由男与女，混杂自遗风。

《纪录汇编》本③

山连赤土，地与柯枝国接境，日中为市，西洋诸国之马头也。本国通使大金钱名倘伽，每个重八分。小金钱名吧喃，四十个准大金钱一个。田瘠少收，岁藉榜葛剌国米为食。气候常热，风俗小淳，男女多回回喃毗人。地产胡椒，亚于下里。干槟榔、波罗蜜、色布、其木香、乳香、真珠、珊瑚、酥油、孩儿茶、栀子花，皆自他国来也。货用丁香、豆蔻、色叚、麝香、金银铜铁器、铁线、黑缨之属。

---

① 原误花檊相，朱本作花木梲，从影本改。
② 原误湮，影本误喱，从朱本改。
③ 国名作小葛兰。

柯枝国①

其处与锡兰山国对峙。气候常热，田瘠少收，村落傍海。风俗颇淳。男女椎②髻，穿短衫，围单布。其有一种曰木瓜。无屋居之，惟穴居树巢，临海捕鱼为业。男女裸体，纫结树叶或草数茎遮其前后之羞。行路遇人则蹲缩于③道傍，伺过方行也。地产胡椒甚广，富家俱置板仓贮之，以售商贩。行使小金钱名吧喃。货用色叚、白丝、青白花磁器、金银之属。

诗　曰：

嗟彼柯枝国，山连赤卤场。穴居相类兽，市集更通商。米谷少收实，胡椒积满仓。恩宣中使至，随处识蛮乡。

《纪录汇编》本

其处与锡兰山国对峙，内通古里国界。气候常热，田瘠少收，

---

① 柯枝国，即 Koči, Cochin。
② 三本皆作堆，今改。
③ 原脱于字，从朱本、影本补。

村落傍海。风俗颇淳。男女椎髻，穿短衫，围单布。其有一种曰木瓜。无屋舍，惟穴居巢树，入海渔鱼为业。男女裸体，纫结树叶或草遮其前后。行人遇人则蹲避道傍，俟过方行，盖避羞也。地产胡椒甚广，富家俱置板仓贮之，以售商贩。行使小金钱名吧喃。货用色叚、白丝、青白花磁器、金银之属。其酋长感慕圣恩，常贡方物。

古里国①

当巨②海之要,去僧伽③密迩④,亦西洋诸番之马头也。山广田瘠,麦谷颇足。风俗甚厚,行者让路,道不拾遗。法无刑杖,惟以石灰划地乃为禁令。酋长富居深山。傍海为市,聚货通商。男子穿长衫⑤,头缠白布。其妇女穿短衫,围色布,两耳悬带金牌络索⑥数枚,其顶⑦上珍珠、宝石、珊瑚连⑧挂璎珞,臂腕足胫皆金银镯,手足指皆金厢宝石戒指,髻堆脑后,容白发黑,娇美可观。其有一种裸身之人曰木瓜,与柯枝同。地产胡椒,亚于下里,俱有仓廪贮之,待商之贩。有蔷薇露、波罗蜜、孩儿茶、印花被面手巾。其有珊瑚、珍

---

① 古里国,即 Kalikut, Calicut。《岛夷志略》作古里佛。
② 原误居,从朱本、影本改。
③ 《岛夷志略》作僧加剌,即锡兰山之梵名,此处僧伽应是僧加剌之省称。
④ 三本皆误通,从《岛夷志略》改。
⑤ 原缺衫字,从朱本、影本补。
⑥ 原误洛色,罗校改作络索,与朱本合,影本误洛索。
⑦ 原误顶,从朱本、影本改。
⑧ 原脱连字,从朱本、影本补。

珠、乳香、木香、金箔①之类，皆由②别国而③来。其国能蓄好马，自西番而来，动经钱千④百为匹。其国若西番马来，本国马来，不买则议为国空之言也。货用金银、色叚、青花白磁器、珍珠、麝香、水银、樟脑之属。⑤

诗　曰：

古里通西域，山青景色奇。路遗他不拾，家富自无欺。酋长施仁恕，人民重礼仪。将书夷俗事，风化得相宜。

《纪录汇编》本

锡兰山启程，顺风十昼夜可至，其国当巨海之屿，与僧伽密迩，亦西洋诸国之马头也。山广地瘠，麦谷颇足。风俗甚厚，行者让路，道不拾遗。法无刑杖，惟以石灰画地，乃为禁令。其酋富居深山。傍海为市，聚货通商。男子穿长衫，头缠白布。妇女穿短衫，围色布，两耳悬带金牌络索数枚，其项上珍珠、宝石、珊瑚连挂璎珞，臂腕足胫皆金银镯，手足指皆金银厢宝石戒指，发堆脑后，容白发黑。其有一种裸身之人曰木瓜，与柯枝国同。地产胡椒，亚于下里，俱有仓廒贮之，以待商贩。有蔷薇露、波罗蜜、孩儿茶、印花被面手巾。其有珊瑚、真珠、乳香、木香、金珀之类，皆由别国来。其好马自西番来，匹价金钱千百。货用金银、色叚、青花白磁器、烧珠、麝香、水银、樟脑之属。酋长感慕圣恩，常遣使捧金叶表文贡献方物。

---

① 应从四卷本作珀。
② 原误有，从朱本、影本改。
③ 原作之，朱本同，从影本改。
④ 原误十，从朱本、影本改。
⑤ 罗以智："按《说海》本首有'锡兰山启程顺风十昼夜可到'。"

忽鲁谟斯国①

其国傍海而居，聚民为市。地无草木，牛、羊、马、驼②皆食海鱼之干。风俗颇淳。垒石为城，酋长深居，练兵畜马。田瘠麦广，谷米少收，民下富饶。山连五色，皆是盐也。凿之镟为器皿③盘碟之类，食物就而不知盐也。垒堆石而④为屋，有三四层者，其厨厕卧室待客之所，俱在上也。男子拳发，穿长衫，善弓矢骑射。女子编发四垂，黄绦⑤其项，穿长衫。⑥出则布幔⑦兜头，面用红青纱一方⑧蔽之，两耳轮用⑨挂珞瑶金钱数枚，以青石磨水，妆点眼眶唇脸花纹为美。项挂宝石、真珠、珊瑚，纫为璎珞。臂腕腿足俱金银⑩镯，此富家之规也。行使金银钱，产有真珠、金珀、宝石、龙涎香、撒

---

① 忽鲁谟斯国，即 Ormuz。
② 原误驰，影本同，朱本作驮，从四卷本改。
③ 原脱皿字，从朱本补。
④ 原脱而字，从朱本、影本补。
⑤ 四卷本作漆。
⑥ 自善字以下十八字，从朱本、影本补。
⑦ 三本均误慢，今改。
⑧ 原误万，从朱本、影本改。
⑨ 朱本作各，四卷本作周。
⑩ 原脱银字，从朱本、影本补。

哈剌、梭眼、绒毯。货用金银、青白花磁器、五色段绢、木香、金银香、①檀香、胡椒之属。②

诗曰：

忽鲁谟斯国，边城傍海居。盐山高崒③崖，酋长富盈余。原隰唯收麦，牛羊总食鱼。女缠珠珞索，男坐翠氍毹。玛瑙珊瑚广，龙涎宝石珠。蛮邦成④绝域，历⑤览壮怀舒。

《纪录汇编》本

自古里国十昼夜可至，其国傍海居，聚民为市。地无草木，牛、羊、驼、马皆食海鱼干，或言深山中亦有草木。风俗颇淳。垒石为城，酋长深居，练兵畜马。田瘠，麦广谷少，民富饶。山连五色，皆是盐也。凿之镟为盘碟碗器之类，食物就用而不加盐矣。垒石为屋，有三四层者，其厨厕卧室待客之所俱在上。男子拳发，穿长衫，善弓矢骑射。女子编发四垂，黄漆其顶。出则布幔兜头，面用青红纱布以蔽之，两耳轮周挂络索金钱数枚，以青石磨水妆点眼眶唇脸花纹以为美饰。项挂宝石、真珠、珊瑚，纫为璎珞。臂腕腿足俱金银镯，此富人也。行使金银钱，产有真珠、宝石、金珀、龙涎香、撒哈剌、梭腹、绒毯。货用金银、青白花磁器、五色段绢、木香、金银香、胡椒之属。其酋长感恩赐，躬献方物。

---

① 原脱香字，从朱本、影本补，《诸蕃志》译名作金颜香Kamanyan。
② 罗以智按：《说海》本首有"自古里国十昼夜可至"，又按：《明史》"自古里西北行二十五日可至"。
③ 影本同，朱本作峰。
④ 原脱成字，从朱本、影本补。
⑤ 原衍一历字，今删。

刺撒国①

倚海而居，土②石为城。连山旷地，草木不生，牛、羊、驼、马皆食鱼干。民俗颇淳③。气候常热，田瘠少收，唯麦略有。数年无雨，凿井绞车，羊皮袋水。男女拳发，穿长衫，妇女妆点兜头，与忽鲁谟斯国同。垒石筑土为屋，三四层者，其上厨爨东厕卧室待客，其下奴仆居之。地产龙涎香、乳香、千里骆驼，余无物也。货用金银、色段、色绢、磁器、米谷、胡椒之属。④

诗　曰：

海丘名刺撒，绝雨亦无寒。层石垒高屋，狂涛激远滩。金银营土产，驼马食鱼干。虽有龙涎货，蛮乡不可看。

《纪录汇编》本

自古里国顺风二十昼夜可至，其国傍海而居，垒石为城。连山

---

① 刺撒国，疑即 al-Aḥsā。旧考谓即波斯湾中之 al-ḥsā，伯希和（《通报》第三十一卷）云："对音虽未尽合，比附颇有可能。"
② 朱本作垒。
③ 影本作厚。
④ 罗以智云："按《说海》本有'自古里国顺风二十昼夜可至'。"

旷地，草木不生，牛、羊、驼、马皆以海鱼干啖之。气候常热，田瘠少收，唯有麦耳。数年无雨，凿井绞车，羊皮袋水。男女拳发，穿长衫，妇女妆点兜头，与忽鲁谟斯国同。垒石筑土为屋，三四层者，其上厨厕卧室待客，其下奴仆居之。地产龙涎香、乳香、千里骆驼，民俗淳厚，丧葬有礼，有事祷于鬼神。其酋长感慕圣恩，遣使捧金叶表文奉贡方物。货用金银、段绢、磁器、米谷、胡椒、檀香、金银之属。

榜葛剌国①

其处曰西②印度之地。西通金刚宝座,曰③绍纳福儿④,乃释迦佛得道之所。永乐十年并永乐十三年,二次上命太监侯显等⑤统领舟师赍捧诏敕,赏赐国王王妃头目,至其国海口,有港曰察地港⑥,立抽分之所。其王知我中国宝⑦船到彼,遣部领赍衣服等物⑧,人马千数迎接。港⑨口起程十六站至锁纳儿江⑩,有城池街市,聚货通商。又差人赍礼象马迎接,再行二十站,至板⑪独哇,⑫是酋长之居处。城郭甚严,街道铺店,连檐接栋,聚货甚有。其王之居,皆砖石毯砌

---

① 榜葛剌国,即 Bangala, Bengal。
② 应从《明史》卷三二六《榜葛剌传》作东。
③ 原误日,从朱本、影本改。
④ 《明史》卷三二六有传,作沼纳朴儿(Jaunpur)。
⑤ 据卷首行程表,永乐十年使榜葛剌者是少监杨敕,此处疑有脱文。原文殆作"上命少监杨敕太监侯显等"。
⑥ 《瀛涯胜览》作淛地港,今 Chittagong。
⑦ 原误实,从朱本、影本改。
⑧ 原脱物字,从影本补。
⑨ 原误泡,影本误同,从朱本改。
⑩ 《瀛涯胜览》译名同,今 Sonārgāon。
⑪ 原误吸,影本误圾,从朱本改。
⑫ 板独哇,即 Panduah。

高广，殿宇平顶①，白灰为之。入去内门三重，九间长殿，其柱皆黄铜②包③饰，雕琢花兽。左右长廊④，内设明甲马队千余，外列巨汉，明盔⑤明甲，执锋剑弓矢，威仪之⑥甚。丹墀左右，设孔雀翎伞百数，又置象队百数于殿前。其王于正殿设高座，嵌⑦八宝，趺⑧踞坐其上，剑横于膝。乃令银⑨柱杖⑩二人，皆穿白缠头，来⑪引导⑫前，五⑬步一呼，至中则止。又⑭金柱杖⑮二人，接引如前礼。其王恭礼拜迎诏，初⑯叩谢加额。开读赏赐，受毕，铺毹毯于殿地，待我天使⑰，宴我官兵，礼之甚厚。燔炙牛羊，禁不饮酒，恐乱其性，抑不遵礼，惟以蔷薇露和香蜜⑱水饮之也。宴毕，复以金盔、金系腰、金盆、金瓶奉赠天使，其副使皆以银盔、银系腰、银盆、银⑲瓶之类，其下之官，亦以⑳金铃㉑纻纶㉒丝长衣赠之㉓，兵士俱有银盏钱，盖此国有礼富

---

① 原误项，从朱本改。
② 原误桐，从朱本、影本改。
③ 三本皆误色，从四卷本改。
④ 原误郭，影本作廓，从朱本改。
⑤ 原误灰，从朱本、影本改。
⑥ 应从四卷本作壮。
⑦ 原误歃，从朱本、影本改。
⑧ 应从四卷本作箕。
⑨ 朱本作金。
⑩ 原误丈，从朱本、影本改。
⑪ 原作表，影本同，从朱本四卷本改。
⑫ 原误道，从朱本、影本改。
⑬ 原误王，影本同，从朱本四卷本改。
⑭ 原误乃，影本同，从朱本四卷本改。
⑮ 原误丈，从朱本、影本改。
⑯ 疑为敕之讹。
⑰ 原误师，从朱本、影本改。
⑱ 原误密，从朱本四卷本改。
⑲ 原脱银字，从朱本、影本补。
⑳ 原作不，从朱本、影本改。
㉑ 原误令，从朱本、影本改。
㉒ 原误纳，从影本改。
㉓ 前二字，三本皆倒误，今改。

足①者矣。其后恭置金筒银叶表文，差使臣赍捧，贡献方物于廷。其国②风俗甚淳。男子白布缠头，穿白布长衫，足穿金线羊皮靴，济济然亦其③文字者众。凡交易，虽④有万金，但价定打手，⑤永无悔改。妇女穿短衫⑥，围色布丝棉，然不施脂粉，其色自然娇白，⑦两⑧耳垂宝钿⑨，项挂璎珞，堆髻脑后，四腕金镯，手足戒指，可为一观。其有一种人曰⑩印度，不食牛肉。凡饮食，男女⑪不同处，夫死妻不再嫁，妻丧夫不再娶。若孤寡无倚，一村之家轮养之⑫，不容别村求食，是见义气之尚也。田沃丰足，一岁二收，不用耕耔⑬，随时自宜，男女勤于耕织。果有波罗蜜，大数⑭斗，甘甜香美。奄⑮摩勒，香酸甚佳。其馀⑯瓜果、蔬菜、牛、马、鸡、羊、凫、鸭、鱼、虾⑰之类甚⑱广。通使海𧴧，准钱市用。地产细布、撒哈⑲剌、绒毯、兜罗锦⑳、水晶、玛

---

① 前四字，朱本作富而有礼。
② 原脱国字，从朱本、影本补。
③ 前二字，三本误同，四卷本作有。
④ 原误罗，从朱本、影本改。
⑤ 前四字原误价秤平，影本作价定打平，从朱本改。
⑥ 原脱衫字，从朱本、影本补。
⑦ 前六字原作其娇色白色，影本同，朱本作其色白然娇白，四卷本作自然娇白，今改正如前文。
⑧ 原误而，从朱本、影本改。
⑨ 原误细，从朱本、影本改。
⑩ 原误日，从朱本、影本改。
⑪ 前二字，原误饮，从朱本、影本改。
⑫ 原脱之字，从朱本、影本补。
⑬ 朱本四卷本并作耘籽。
⑭ 朱本四卷本皆作如。
⑮ 原作掩，从朱本、影本改。
⑯ 原作余，从朱本、影本改。
⑰ 鱼虾，朱本、影本并作海鱼。
⑱ 原误其，从朱本、影本改。
⑲ 原误吟，影本同，从朱本改。
⑳ 三本皆作锦，疑为绵之误。

瑙、珊瑚、珍珠、宝石、糖蜜①、酥油、翠毛、各色手巾被面。货用金银、布段、色绢、青白花磁器、铜钱、麝香、银珠、水银、草席、胡椒之属。②

诗曰：

葛剌宗西域，留传③教不衰。兵戎皆有法，文字悉周知。货市排珍宝，辕门簇羽旂。柱梁雕饰彩，阶级引行仪。不饮羞燔炙，平铺毯陆离。分边盘坐处，异广在餐时。言誓冰霜操④，娇颜玉雪姿。波罗大如斗，摩勒⑤压连枝。耘耔何曾用，丰⑥穰只自宜。照临天广远，采拾句搜奇。恩照钦华⑦夏，流风⑧实外夷。小臣存悃愊⑨，随表进丹墀。

《纪录汇编》本

自苏门答剌顺风二十昼夜可至，其国即西印度之地。西通金刚宝座国，曰绍纳福儿，乃释迦得道之所。永乐十三年，二次上命少监侯显等统舟师赍诏敕，赏赐国王王妃头目，其国海口有港曰察地港，立抽分之所。其王知我中国宝船到彼，遣部领赍衣服等礼人马千数迎。港口起程十六站至琐纳儿江，有城池街市，聚货通商。又差人赍礼，象马迎接，再行二十站，至板独哇，是酋长之居处。城郭甚严，街市、铺店，连楹接栋，聚货百有。其王之舍，皆砖灰甃砌高广，殿宇平顶，白灰为之。内门三重，九间长殿，其柱皆黄铜色，饰

---

① 原误密，从朱本、影本改。
② 罗以智云："按《说海》本首有'自苏门答剌顺风二十昼夜可至'。"
③ 原作传留，从朱本、影本改。
④ 原作橾，朱本误桥，从影本改。
⑤ 三本皆误勤，今改。
⑥ 原误风，从朱本、影本改。
⑦ 原误荜，从朱本、影本改。
⑧ 前二字，原倒误，从朱本、影本改。
⑨ 原误幅，从朱本改。

雕琢花兽。左右长廊，内设明甲马队千余，外列巨汉，明盔明甲，执锋刃弓矢，威仪壮甚。丹墀左右，设孔雀翎伞盖百数，又置象队百数于殿前。其王于正殿高座，嵌八宝，箕踞坐其上，剑横于膝。乃令银柱杖二人，皆穿缠头，来引道前，五步一呼，至中则止。又金柱杖二人，接引如前礼。其王拜迎诏敕，扣头加额，开读赏赐。受毕，铺毡毯于殿地，待我天使，宴我官兵，礼之甚厚。燔炙牛羊，禁不饮酒，恐乱性而失礼，以蔷薇露和香蜜水饮之。宴毕，复以金盔、金系腰、金瓶、金盆赠之天使，其副使皆以银盔、银系腰、银瓶、银盆赠之，其下官员亦赠以金铃纻丝长衣，兵士俱有银钱，盖此国富而有礼者也。其后躬置金筒金叶表文，差使臣赍捧，贡献方物于廷。其国风俗甚厚，男子白布缠头，穿白布长衫，足穿金线羊皮靴，济济然有文字者众。凡交易，虽有万金，价定打手，永无悔改。妇女穿短衫，围色布丝锦，不施脂粉，自然娇白，耳垂宝钿，项挂璎珞，髻堆脑后，四腕金镯，手足戒指。其有一种曰印度，不食牛肉。饮食男女不同处。夫死不再嫁，妻死不再娶。若孤寡无倚，一村人家轮流养之，不容别村求食，其义气有足称者也。田沃丰足，一岁二收，不用耘籽，随时自宜，男女勤于耕织。果有波罗蜜，大如斗，甘甜甚美。菴摩罗，香酸甚佳。其余瓜果、蔬菜、牛、马、鸡、羊、凫、鸭、海鱼之类甚广。使海𧎢，准钱市用。地产细布、撒哈剌、毯绒、兜罗锦、水晶、玛瑙、珊瑚、真珠、宝石、糖蜜、酥油、翠毛、各色手巾被面。货用金银、段绢、青白花磁器、铜铁、麝香、银珠、水银、草席之属。

《星槎胜览》[①] 前集终 [②]

---

① 朱本下多目录二字。
② 此行原缺，从朱本、影本补。

星槎胜览后集目录①

自永乐七年己丑,至宣德八年癸丑止,累从钦差正使太监郑和等往西洋各②国开读赏赐。凡在公余之暇,采辑诸番风③俗、人物、土产之异,集④成事序,咏其诗篇。

真腊国

东西竺

淡　洋

龙牙门

龙牙善⑤提

吉里地闷⑥

彭　坑⑦

琉球国

三　岛

麻逸国

---

① 朱本、影本作目录后集。
② 原误名,从朱本、影本改。
③ 原脱风字,从朱本、影本补。
④ 原误律,从朱本、影本改。
⑤ 《岛夷志略》作菩。
⑥ 原误门,从朱本、影本改。
⑦ 三本皆误玩,今改。

假里马丁[①]国

重迦逻

渤泥国

苏禄国

大唄[②]喃国

阿丹[③]国

佐法儿国

竹步国

木骨都束[④]国

溜洋国

卜[⑤]剌哇国

天方国

---

① 《岛夷志略》作打。
② 原误嗔，从朱本、影本改。
③ 原误舟，朱本误同，从影本改。
④ 原误东，从朱本、影本改。
⑤ 原误小，从朱本、影本改，《明史》作不。

真腊国①

其国州南之门，为都会之所，有城周围七十余里，石河②广二十余丈，殿宇三十余所。凡岁时一会，则罗列玉猿、孔雀、白象、犀牛于前，名曰百塔洲。次③桑香佛舍，饮馔必以金盘金碗盛④食之。谚⑤云："富贵真腊⑥也。"气候常热，田禾丰⑦足。煮海为盐，风俗富饶。⑧男女椎⑨髻，穿短衫而围梢布。法有劓、刖、刺、配，犯盗则断手足，番人杀唐人则偿其命，唐人杀番人则罚其金，无金卖身⑩赎罪。地产黄蜡⑪、犀象、孔雀、沉香、苏木、大风子油、翠毛。货用金

---

① 真腊国，即 Kamboja。
② 前二字，原作所，从四卷本及《岛夷志略》改。
③ 三本皆作以，从《岛夷志略》改。
④ 原误盆，从朱本、影本改。
⑤ 原误颜，从朱本、影本改。
⑥ 三本皆作臘，今改。
⑦ 原误风，从朱本、影本改。
⑧ 风俗下应有脱文，《岛夷志略》云："俗尚华侈，田产富饶。"
⑨ 三本皆作堆，从《岛夷志略》改。
⑩ 原作钱，影本同，朱本作其身，今从《岛夷志略》改。
⑪ 原作臘，朱本作腊，从四卷本改。

银、烧珠、锦段、丝布之属。①

诗 曰

真腊②山冈远,荒城傍海涯。兽禽多彩丽,人物好奢靡。列塔为奇异,罗盘逞礼仪。夷风聊可采,吟咏感明时。

《纪录汇编》本

自占城顺风三昼夜可至,其国门之南,为都会之所,有城池,周七十余里,石河广二十余丈,殿宇三十余所。凡岁时一会,则罗列玉猿、孔雀、白象、犀牛于前,名曰百塔洲。金盘金碗盛食。谚云:"富贵真腊也。"气候常热,田禾丰足。煮海为盐,风俗富饶。男女椎髻,穿短衫,围梢布。法有剮、刖、刺、配,犯盗则断手足,番人杀唐人则偿其命,唐人杀番人则罚金,无金卖身赎罪。地产黄蜡、犀象、孔雀、沉香、苏木、大风子油、翠毛。货用金银、烧珠、锦段、丝布之属。

---

① 罗以智:"按《说海》本首有'自占城顺风三昼夜可至'。"钧按:此条尽采自《岛夷志略》,唯删节其文而已。
② 原作臘,今改。

东西竺①

山形分对嵯峨,若蓬莱万②丈之幽。田瘠不宜稼穑,岁藉③邻邦淡洋米谷以为食。气候不齐,煮海为盐,酿椰子为酒。男女断发,系稍布④。地产槟榔、木绵⑤、椰心簟。⑥货用花⑦锡、胡椒、铁器也。⑧

诗 曰

东西分海境,民物异于常⑨。果啖槟榔实,酒倾椰子浆⑩。贸椒知⑪价值,织簟货经商。动我遐⑫观意,吟哦记短章。

---

① 东西竺,即 Pulo Aor。
② 三本皆作方,《岛夷志略》同,罗校作万,今从之。
③ 三本皆作籍,从四卷本改。
④ 稍布,《岛夷志略》作占城布。
⑤ 原误锦,从影本及《岛夷志略》改。
⑥ 《岛夷志略》云:"番人取其椰心之嫩者,或素或染,织而为簟,以售唐人。其簟冬暖而夏凉,亦可贵也。"可参考《诸蕃志》椰心簟条。
⑦ 原脱花字,从朱本、影本补。
⑧ 此条亦尽采自《岛夷志略》而删节其文。
⑨ 原误当,从朱本改。
⑩ 原误酱,从朱本、影本改。
⑪ 原误真,朱本作和,从影本改。
⑫ 原误避,从朱本、影本改。

《纪录汇编》本

其山与龙牙门相望海洋中,山形分对嵯峨,若蓬莱方丈之间。田瘠不宜稼穑,岁藉诸邦淡洋米谷以食。气候不齐,煮海为盐,酿椰子为酒。男女断发,系梢布。地产槟榔、木棉布、蕉心簟。货用花锡、胡椒、铁器之属。

淡　洋①

其处与阿鲁山相连，去满剌②迦三日之程。③山远，周围有港通内。大溪深④，汪洋二千余里，奔流出海之中。一流清淡味甘，舟人过往汲水日用，名曰淡洋。⑤田肥禾盛，米粒小⑥，然炊饭甚香。地产降香。民俗淳厚，气候常热。男女椎⑦髻，腰围稍布⑧。货用金银、铁器、磁碗之属。⑨

诗　曰

清流甘且淡，奔出海中央。畎亩饶滋⑩味，舟人过汲浆。贸交金

---

① 淡洋，即 Tamiang。
② 原误利，从朱本、影本改。
③ 前十六字影本傍注在条首地名下，朱本亦另行缮录，不与本文相合。
④ 原误山，从朱本、影本改。
⑤ 《岛夷志略》曰："港口通官场百有余里，洋其外海也。内有大溪之水，源二千余里，奔流冲合于海。其海面一流之水清淡，舶人经过，往往乏水，则必由此汲之，故名曰淡洋。过此以往，未见其海洋之水不咸也。"
⑥ 原作少，从朱本、影本改。
⑦ 三本皆作堆，从《岛夷志略》改。
⑧ 《岛夷志略》作溜布，溜即本书之溜洋。
⑨ 此条几尽采《岛夷志略》文。
⑩ 原缺滋，从朱本、影本补。

辟①赤,米小饭炊香。民俗风淳厚,那知在异方。

《纪录汇编》本

其处与阿鲁山地连接,去满刺加三日程。山绕周围,有港内通大溪,汪洋千里,奔流出海,清淡味甘,舟人过往汲之,名曰淡洋。田肥禾盛,米粒尖小,炊饭甚香。地产香。民俗颇淳,气候常热。男女椎髻,腰围梢布。货用金银、铁器、磁器之属。

---

① 原作鬪,朱本作阙。

龙牙门①

在三佛齐之西北也，②山门相对，③若龙牙④状，中通过船。山涂田瘠，米穀⑤甚厚⑥。气候常热，四五月间淫⑦雨。男女椎⑧髻，穿短衫，围稍布。掳掠为豪，遇有番船，则驾小船百只⑨，迎敌数日。若得顺风，侥幸而脱，否则被其截，财被所劫。泛海⑩之客，宜当谨防。⑪

---

① 龙牙门，即 Governador str.。
② 前八字影本附注在条首地名下。
③ 《岛夷志略》云："门以单马锡番，两山相交。"按：单马锡乃 Tumasik 之对音，新加坡（Singapore）之旧名也。番字上下疑有脱文，殆指龙牙（Linga）岛，则龙牙门似指 Governador 峡。
④ 三本皆作角，从《岛夷志略》及四卷本改。
⑤ 原作谷，从朱本、影本改。
⑥ 四卷本作薄，《岛夷志略》作稻少。
⑦ 三本皆作汹，从《岛夷志略》及四卷本改。
⑧ 三本皆作堆，从《岛夷志略》及四卷本改。
⑨ 《岛夷志略》作二三百只。
⑩ 原脱海字，从朱本、影本补。
⑪ 此条亦尽采自《岛夷志略》而删节其文。

诗 曰

山峻龙牙状，中通水激湍。居人为掳[①]易，番舶往来难。入夏常多雨，经秋且不寒。从容陪使节，到此得游观。

《纪录汇编》本

其处在三佛齐西北，山门相对，若龙牙状，中通船过。山田瘠，米谷甚薄。气候常暑，四五月淫雨。男女椎髻，穿短衫，围梢布。掳掠为豪，遇番舶，则以小舟百数迎敌。若顺风，侥幸而脱，否则被其劫杀。舟客于此防之。

---

① 原误摅，从朱本、影本改。

龙牙①善提②

周环皆山石③排垒④门,无田耕种⑤,但栽薯蓣代粮⑥,常⑦熟收堆,以供岁月。气候多热少寒,俗朴而淳。男女椎⑧髻,披木绵布。煮海为盐,浸⑨苎麻根酿酒。地产速香、槟榔、椰子。货用烧珠、铁鼎、色布之属。⑩

诗 曰

垒石为门限,天生在海洋。稻粱全不种,薯蓣亦多⑪藏。海水⑫煎盐白,麻根酿酒香。虽云风俗朴,气候有炎凉。

---

① 《岛夷志略》作菩。
② 龙牙善提,即 Langkawi。
③ 三本皆误名,从《岛夷志略》改。
④ 《岛夷志略》作类,应有脱文。
⑤ 前二字,原倒误,从朱本、影本改。
⑥ 三本皆作粱,从《岛夷志略》改。
⑦ 疑为当之误。
⑧ 三本皆作堆,从《岛夷志略》改。
⑨ 三本皆作波,从《岛夷志略》改。
⑩ 此条亦采自《岛夷志略》,而删节其文。
⑪ 原缺多字,从朱本、影本补。
⑫ 原误中,从朱本、影本改。

《纪录汇编》本缺

吉①里地闷②

居重③迦逻之东。满山茂林,皆檀香树,无别产。马头商聚十二所。有酋长,田肥穀④盛。气候朝热暮寒。凡其商舶染病⑤,十⑥死八九,盖其地甚⑦瘴气。男⑧女断发,穿短衫。货用金钱、铁器、磁碗之属。⑨

诗曰

吉里东南海,居人卧饱餐。田肥时有穀⑩,朝热暮生寒。涉⑪险

---

① 《岛夷志略》作古。
② 原作门,从朱本、影本改,殆指 Gili Timor,犹言地闷岛也。
③ 原脱重字,朱本作连,从影本补。
④ 原作谷,从朱本、影本改。
⑤ 原脱病字,从朱本、影本补。
⑥ 原误千,从朱本、影本改。
⑦ 三本皆作甚,疑误。
⑧ 原误用,从朱本改。
⑨ 此条节采《岛夷志略》文。
⑩ 原作谷,从朱本改。
⑪ 原误陟,从朱本、影本改。

商求①利,闻②香水种檀。短衫常覆体,形丑不堪观③。

《纪录汇编》本

其国居重迦逻之东。连山茂林皆檀香树,无别产。马头商聚十二所。有酋长,田肥谷盛。气候朝热暮寒。男女断发,穿短衫,夜卧不盖其体。商舶到彼,皆妇女到船交易。人多染疾病,十死八九,盖其地瘴气及淫污之故也。货用金银、铁器、磁碗之属。

---

① 原缺求字,从朱本、影本补。
② 原误问,从朱本、影本改。
③ 原误香,从朱本改。

彭坑国①

在暹逻之西,②石崖周匝崎岖,远如平寨。田沃,米谷常熟③。气候常温。风俗尚怪,刻香木为神,杀人血祭祷,求④福禳灾。男女椎⑤髻,穿长衫,系单布⑥,富家女子金圈四五饰于顶发,常人五色珠圈。煮海为盐,酿椰⑦浆为酒。地产黄熟香、沉香、片脑、花锡、降香。货用金银、色段⑧、爪哇布、铜铁器、鼓板之属。⑨

诗 曰

嗟彼彭坑国,温和总是春。伤生在求⑩福,刻木惯为神。尊敬惟

---

① 彭坑国,即 Pahang。罗以智按:《明史》作彭亨,注云:"一作溢亨,又作彭坑。"钧按:《诸蕃志》译名作蓬丰,见三佛齐条。
② 影本作载暹罗国之西,旁注在条首国名下。
③ 前二字,朱本、影本作盛。
④ 原误永,从朱本、影本改。
⑤ 三本皆作堆,从《岛夷志略》改。
⑥ 《岛夷志略》下多稍字。
⑦ 原误柳,从朱本、影本改。
⑧ 朱本、影本及《岛夷志略》皆作绢。
⑨ 此条几尽节采《岛夷志略》之文。
⑩ 原误永,从朱本、影本改。

从长,催科不^①到民。焉知施礼乐,立教序彝伦。

《纪录汇编》本

其处在暹逻之西,石崖周匝崎岖,远望山平如寨。田沃,米谷丰足。气候温。风俗尚怪,刻香木为人,杀人血祭祷,求福禳灾。男女椎髻,系单裙,富家女子金圈四五饰于顶发,常人五色烧珠穿圈。煮海为盐,酿浆为酒。地产黄熟香、沉香、片脑、花锡、降香。货用金银、色绢、爪哇布、铜铁器、鼓板之属。

---

① 前三字,原误产不料,从朱本改。

琉球国①

其处山形②抱合而生,一山曰翠麓,一山曰大③崎,一山曰斧头,一山曰重曼,高耸丛林。田沃谷④盛,气候常热,男女以花印布大袖衫连裤穿之。其酋长尊礼,不科⑤民下,人皆效法。酿甘蔗为酒,煮海⑥为盐。能习读中国书,好古画⑦、铜器,作诗效唐体。地产沙金、硫黄、黄蜡⑧。货用真珠、玛⑨瑙、磁碗之属。

诗 曰

翠霭是琉球,遐观碧海浮。四山高对耸,一水远长流。袖大健

---

① 此条尽本《岛夷志略》,唯增"能习读中国书"等十六字。《岛夷志略》之琉球,原指台湾,而费信所增十六字,则已属今之琉球矣。
② 原误邢,从朱本、影本改。
③ 原误太,从影本、《岛夷志略》改。
④ 原误俗,从朱本、影本改。
⑤ 原误料,从朱本、影本改。
⑥ 原脱海字,从朱本、影本补。
⑦ 原误书,从朱本、影本改。
⑧ 前二字原脱,从朱本、影本补。
⑨ 原误珎,从朱本、影本改。

连袴，发松撮满头。土民崇诗礼，他①处若能俦。

《纪录汇编》本缺

---

① 原误化，从朱本改。

三 岛①

其处与琉球大崎②山之东鼎峙,有垒山层峦,③民倚边而居。田瘠少收④,以网鱼于海,织布为业。俗尚朴⑤质。男生拳发,妇女椎⑥髻,单布披之为衣,不解裁缝。凡男子得附舶之中国⑦,然罄⑧其资,身归本处,乡人称为能事,尊之有德,父兄皆赞焉。⑨煮海为盐,酿蔗浆为酒。地产黄蜡⑩、木绵布。货用金银、磁器、铁块之属。⑪

① 三岛,《诸蕃志》《元史》并作三屿,《诸蕃志》曰:"三屿乃麻逸之属,曰加麻延、巴姥酉、巴吉弄等各有种落,散居岛屿。"按:麻逸(Mait)指菲律宾群岛,旧考以 Calamian 当加麻延,以 Palawan 当巴姥酉(此名疑有讹误,原译殆作巴老万),以 Busuanga 当巴吉弄。
② 原作峙,从朱本改,《岛夷志略》作大奇。
③ 原误垒石层蛮,今从《岛夷志略》改。
④ 原脱收字,从朱本、影本补。
⑤ 原误仆,朱本、影本作朴,今改。
⑥ 三本皆作堆,从《岛夷志略》改。
⑦ 前二字,原倒误,从朱本、影本改。
⑧ 原误声,从影本改。
⑨ 此段应有脱误,《岛夷志略》原文云:"男子常附舶至泉州经纪,罄其资囊,以文其身。既归其国,则国人以尊长之礼待之,延之上坐,虽父老亦不得与争焉。习俗以其至唐,故贵之也。"
⑩ 原误䗶,从朱本及《岛夷志略》改。
⑪ 此条亦尽采自《岛夷志略》而删节其文。

诗 曰

幽然三岛国,花木茂常春。气质尤宜朴,裳衣不解纫。游归名赞①德,贺礼酒频倾。采吟荒峤②外,得句自逡巡。

《纪录汇编》本缺

---

① 原误读,从朱本、影本改。
② 原误郊,从朱本、影本改。

麻逸国①

在交栏②山之西，③山势峻，地平宽，夹溪聚居。气候稍热。男女椎④髻，穿长衫，围色布手巾。田多膏腴，倍收他国。俗尚节义，妇丧其夫，则削发碎面，绝食七日，与夫尸同寝，多与并逝矣。七日外不死，则亲戚⑤劝以饮食，或得苏命，乃终身不再嫁矣。或至焚夫尸日，则赴火而死，盖其节义之不改也。煮海为盐，酿蔗为酒。地产木绵、黄蜡、⑥玳瑁、槟榔、花布。货用铜鼎、铁块、五采⑦布绢之属。

---

① 麻逸首见《诸蕃志》，谓在浡泥（Brunei）之北，盖即 Mait 之对音，今 Mindoro 岛之旧名也，是编条首谓在交栏（Gelam）之西，则误以 Billiton 岛当之矣。然其文几尽采自《岛夷志略》，而《岛夷志略》之麻逸在菲律宾群岛中，四卷本改国名作麻逸冻，《明史》作麻叶瓮，皆文不对题也。
② 原作拦，影本同，从朱本及四卷本改。
③ 前六字朱本、影本并旁注在条首国名下。
④ 三本皆作堆，从四卷本及《岛夷志略》改。
⑤ 原脱戚字，从朱本、影本补。
⑥ 原省作蠙，从朱本改。
⑦ 影本作彩，朱本及四卷本并作色。

诗 曰

美哉麻逸国，山峻地宽平。尚节心无异，耕田穀①倍登。槟榔资咀嚼，玳瑁照晶荧。布染花生彩②，糖香酒自清。溪涛含荡漾③，海日④上高明。蛮土知仁化，骎骎⑤礼义行。

《纪录汇编》本⑥

其处在交栏山之西南洋海中，山峻地平，夹溪聚村落而居。气候稍热。男女椎髻，穿长衫，围色布。田膏腴，倍收他国。尚节义，妇丧夫，则削发劈面，绝食七日，夫死同寝，多有并逝者。七日不死，则亲戚劝以饮食，或得苏，终身不再嫁矣。至焚夫日，多赴火死。煮海为盐，酿蔗为酒。产木绵、黄蜡、玳瑁、槟榔、花布。货用铜鼎、铁块、五色布绢之属。

---

① 原省作谷，从朱本、影本改。
② 原作採，从朱本、影本改。
③ 原误藻，影本同，今改。
④ 朱本作月。
⑤ 原误暧暧，从朱本、影本改。
⑥ 国名作麻逸冻。

假里马打①国②

其地与交栏③山相望海洋中,④山列翠屏,溪田虽有,米穀⑤少收。气候常热。俗甚嚚薄。男女髡发,竹布为衣⑥。种芭蕉,采其实以代粮。煮海为盐,酿蔗为酒。地产玳瑁、羖羊。货用爪⑦哇布、烧珠、印布之属。⑧

诗　曰：

假里山环⑨翠,民风丑不知。羖羊行作队,玳瑁出为奇。答应呢喃语,生成嚚薄姿⑩。田收佳穀⑪少,热⑫候不相宜。

---

① 三本及四卷本皆作丁,从《岛夷志略》改。《元史·史弼传》作答。
② 假里马打国,即Karimata。
③ 原作拦,从朱本及四卷本改。
④ 前十一字朱本、影本并旁注在条首国名下。
⑤ 原作谷,从朱本、影本改。
⑥ 原误布,从朱本、影本改。
⑦ 三本皆作瓜,今改。
⑧ 此条除条首十一字外,余文并采自《岛夷志略》。
⑨ 原作还,影本同,从朱本改。
⑩ 原误婆,朱本作资,从影本改。
⑪ 原作谷,从朱本、影本改。
⑫ 影本作气。

《纪录汇编》本①

其地与交栏山相望海洋中，山列翠屏，引溪水溉田，禾谷少收。气候常热。俗嚣薄。男子髡发，穿竹布短衫，围稍布。种芭蕉，采其实以代粮。煮海为盐，酿蔗为酒。地产玳瑁、羚羊。货用爪哇布、烧珠、印花布、米谷之属。

---

① 原倒误作假马里丁。

重迦逻①

其地与爪②哇界相接。高山奇秀，满山③皆盐敷树及楠枝④。内有一石洞，前后三门，可容一二万人。田穀⑤至于爪⑥哇，气候常暑。俗淳。男女撮髻，穿长衫，围折布手巾。无酋长，以尊年高有德者主之。煮海为盐，酿秫为酒。地产羖羊、鹦鹉、木绵、椰子、绵纱。货用⑦花银、花绢。其处山约去⑧数日水程，曰孙陀罗、曰⑨琵琶拖、

---

① 《岛夷志略》作重迦罗，《诸蕃志》苏吉丹条有戎牙路，一作重迦卢，并是 Jangala 之对音，在今 Surabaya 之地。《瀛涯胜览》译名作苏鲁马益，亦作苏儿把牙。
② 三本皆作瓜，从《岛夷志略》改。
③ 原脱山字，从朱本及《岛夷志略》补。
④ 《岛夷志略》作楠树。
⑤ 原作谷，从朱本、影本改，《岛夷志略》作土。
⑥ 三本皆作瓜，今改。
⑦ 原脱用字，从朱本、影本补。
⑧ 原脱去字，从朱本及《岛夷志略》补。
⑨ 原误白，从朱本、影本改。

曰①丹重、曰②圆峤、曰彭里。③不事耕种，专尚寇掠，与吉陀、亚崎④诸国相通，商舶少能至也。⑤

诗　曰

迦逻山奇秀，修程接爪⑥哇。洞深通窈窕，髻撮甚欹⑦斜。齿长惟尊德，绵多吐细花。如何不耕种，寇掠作生涯。

《纪录汇编》本⑧

其地与爪哇界相接。高山奇秀，内有一石洞，前后三门，可容一二万人。田谷与爪哇略同，气候常暑。风俗颇淳。男女撮髻，身披单布长衫，围稍布手巾。无酋长，以年高有德者主之。煮海为盐，酿秫为酒。地产羚羊、鹦鹉、木绵、椰子、绵纱。货用花银、花绢。其处约去数日水程，曰孙陀罗、琵琶拖、曰丹重、曰圆峤、曰彭里。不事耕种，专尚寇掠，与吉陀崎诸国相通，所以商舶少能至矣。

---

① 原误白，从朱本、影本改。
② 原误白，从朱本、影本改。
③ 《岛夷志略》云："次曰诸番，相去约数日水程：曰孙陀、曰琵琶、曰丹重、曰员峤、曰彭里。"《诸蕃志》苏吉丹条注云："贼国、丹重布啰、琶离、孙他、故论是也。"是编转录《岛夷志略》之文应有讹误。孙陀罗应作孙陀，即《诸蕃志》之孙他或新拖，Sunda之对音也。丹重应是丹重布啰之省称，昔爪哇语称Borneo，岛曰Tanjungpura，应指此地。彭里、琶离、皆Bali之同名异译，《诸蕃志》苏吉丹条一作麻篱，余未详。
④ 前四字三本皆作吉陀崎，今从《岛夷志略》改，吉陀乃Kedah之对音，亚崎乃Achin之古译，《明史》作哑齐者是也。
⑤ 此条全采《岛夷志略》。
⑥ 三本皆误瓜，今改。
⑦ 原作歌，从朱本改。
⑧ 作重迦罗。

渤泥国①

龙山磅礴，地宇横②广，源③田种植，丰登甚利。气候及④夏稍寒，冬月极热。俗好奢侈，男女一般⑤椎⑥髻，五彩⑦帛系腰，花布为衫。其国之民崇佛像，好斋沐。凡见唐人至其国，甚有爱敬，有醉⑧者则扶归家寝宿⑨，以礼待之若故旧。煮海为盐，酿秫⑩为酒。酋长之用，不敛⑪民物，生理自如。⑫地产降香、黄蜡、玳瑁、片脑⑬。货用

---

① 《蛮书》及《岛夷志略》作浡泥，《诸蕃志》作渤泥，与是编同。《宋史》及《文献通考》作勃泥，皆 Burni 之对音，今 Borneo 岛也。《东西洋考》谓即大泥（Patani），《明史》以《唐书》之婆罗移称此岛，皆误。
② 原误黄，从朱本、影本改。
③ 三本皆作源，皆为原之讹。
④ 原误反，从朱本改。
⑤ 原误猷，从影本改。
⑥ 三本皆作堆，从《岛夷志略》改。
⑦ 原误採，从朱本、影本改。
⑧ 原误翠，从朱本、影本改。
⑨ 前二字，原倒误，从朱本、影本改。
⑩ 原误木，从影本及《岛夷志略》改。
⑪ 原误饮，从朱本、影本改。
⑫ 《岛夷志略》原文云："有酋长，乃选其国能算者一人掌文簿，计其出纳、收税，无纤毫之差焉。"
⑬ 前二字原倒误，从朱本、影本改。

白银、赤金、色缎、牙箱、铁器之属。①

诗曰

渤泥沧海外，立国自何年。夏冷冬生热，山盘地自偏。积修崇佛教，扶醉②待宾贤。取信通商舶，遗风事可传。

《纪录汇编》本缺

---

① 此条全采《岛夷志略》之文。
② 原误翠，从朱本、影本改。

苏禄国①

居东海之洋，石崎②保障③，山涂田瘠，种植稀薄。民下捕鱼虾生啖，螺蛤煮食。男女断发，头缠皂缦，腰围水④印花布。俗尚鄙陋。煮海为盐，酿蔗为酒。织竹布，采真珠，色白绝品，珠有径寸者，已值七八百锭，中者二三百锭。⑤永乐十六年，其酋长感慕圣恩，乃挈⑥妻携子涉海来朝，进献巨珠一颗，重七两五钱，罕⑦古莫能有也。皇上大悦，加劳厚赐金印冠带归国。地产真珠、降香、黄蜡、玳瑁、竹布。货用金银、八都刺布、青珠、磁器、铁铫⑧之属。

诗曰

苏禄分东海，居民几万家。丸烹为水布，生啖爱鱼虾。径寸珠

---

① 苏禄国，即 Solot, Sulu。
② 《明一统志》石崎山注云："国以此山为保障"。
③ 原误瘴，从朱本、影本改。
④ 《岛夷志略》作小。
⑤ 以上并出《岛夷志略》。
⑥ 原误絜，从朱本、影本改。
⑦ 影本同，朱本作今。
⑧ 《岛夷志略》作条。

圆洁，行舟路去赊。献金朝玉阙，厚赐被光华。

《纪录汇编》本缺

大唄喃国①

地与都栏②礁③相近，厥土黑壤，亦宜谷④麦。居民懒事耕作，岁藉⑤乌⑥爹⑦之米供食。商舶风信到迟，则波涛激滩，乃载货不满⑧，盖以不敢停泊也。若风逆，则遇巫里洋⑨险阻之难矣，及防高郎阜⑩沉水石之危。风俗颇厚。男女⑪缠头，穿长衫。地产胡椒、椰子、鱼

---

① 四卷本及《明史》作大葛兰，此条尽本《岛夷志略》小唄喃条，疑当时无此国，抑大小唄喃皆指一地。藤田丰八《岛夷志略校注》以小唄喃国当《元史·食货志》市舶条之梵答剌亦纳（Fandaraina），殊未知梵答剌亦纳亦作 Pandarani，《岛夷志略》别有专条，译名作班达里也。
② 原作拦，从朱本、影本及《岛夷志略》改。
③ 突厥人西地阿里（Sidi Ali）书谓 Malabar 沿岸有地名 Tuluwan，殆为此都栏之所本。
④ 原作谷，从影本及《岛夷志略》改。
⑤ 三本皆误籍，从《岛夷志略》改。
⑥ 原误鸟，从朱本及《岛夷志略》改。
⑦ 乌爹乃 Udra 之对音，今 Orissa 之地也。
⑧ 原误沟，从朱本、影本及《岛夷志略》改。
⑨ 《岛夷志略》作喃哑哩洋，喃哑哩昔 Lamuri，今 Achin 沿岸也。
⑩ 《岛夷志略》作高浪阜，同一地名又在同书大佛山条作高郎步，今 Colombo 也。
⑪ 险字下二十字原脱，今从朱本、影本补。《岛夷志略》之文云："或风迅到迟，马船已去，货载不满，风迅或逆，不得过喃哑哩洋，且防高浪阜中卤股石之厄。所以此地驻冬，候下年八九月马船复来，移船回古里佛互市。"

虾①、槟榔。货用金钱、青白花磁器、布段之属。

诗　曰

大唄喃方险，都栏②与结盟。土肥宜稻麦，民懒不耘耕。但有乌③爹济，须防罗股惊。此邦风俗异，舟舶恣吟行。

《纪录汇编》本④

地与都栏樵相近，厥土黑坟，本宜谷麦，居民懒事耕作，岁赖乌爹之米为食。商船为风所阻，不以时到，则波涛激滩，载货不敢满，盖以不可停泊之故也。若过巫里洋，则罹重险之难矣，及有高头埠沉水罹股石之危。风俗淳厚。男女缠头，穿单布长衫，围色布手巾。地产胡椒、椰子、溜鱼、槟榔。货用金钱、青白花磁器、布段之属。

---

① 虾字从影本补。
② 原作拦，从朱本、影本改。
③ 原误乌，从朱本、影本改。
④ 国名作大葛兰。

阿丹①国②

倚海而居，垒石为城，砌罗股石为屋，三四层高，厨房卧室③皆在其上。用粟麦。风俗颇淳，民下富饶。男女拳发，穿长衫。女若出，则用青纱蔽面，布缦④兜头，不露形貌，两耳垂金钱数枚，项挂璎珞。地产九尾羖羊、千里骆驼、黑白花驴、驼蹄鸡、金钱豹。货用金银、色段、青白花磁器、檀⑤香、胡椒之属。⑥

诗　曰⑦
阿丹⑧城庙石盘罗，黑色滋肥粟麦多。风俗颇淳民富贵，岁华⑨

---

① 原误舟，朱本误同，从影本及四卷本改。
② 阿丹国，即 Aden。
③ 前四字原作树房坐室，影本同，从朱本及四卷本改。
④ 原误慢，从影本改。
⑤ 原误擅，从朱本、影本改。
⑥ 罗以智按：《说海》本首有"自古里国顺风二十二昼夜可至"。
⑦ 全编诗仅此条为七言。
⑧ 原误舟，朱本同，从影本改。
⑨ 原误莘，从朱本、影本改。

常见日①融和。境②无存草千山接,羊有垂胸九尾拖。纵目采吟人物异,过③归稽首献銮坡。

《纪录汇编》本

自古里国顺风,二十二昼夜可至。其国傍海而居,草木不生。田肥,种植粟麦丰盛。垒石为城,砌罗股石为屋,三四层高,厨房卧室皆在其上。风俗颇淳,民下富饶。男女拳发,穿长衫。妇女出则用青纱蔽面,布帽兜头,不露形貌,两耳垂金钱数枚,项挂璎珞。地产羚羊,自胸中至尾垂九块,名为九尾羊。千里骆驼、黑色花驴、驼蹄鸡、金钱豹。货用金银、色段、青白花磁器、檀香、胡椒之属。其酋长感慕恩赐,躬以方物贡献。

---

① 原误因,从朱本、影本改。
② 朱本作影。
③ 影本同,朱本作使。

佐法儿国①

临海聚居，石城石屋，垒起高三五层者，②若塔其上。田广而少耕，山地皆黄，亦不生草木，牛、羊、驼、马惟食鱼干。男女拳发，穿长衫。女人则以布兜头面，出见人也不露面貌。风俗颇淳③。地产祖剌法④、金钱豹、驼鸡、乳香、龙涎香。货用金钱、檀香、米谷⑤、胡椒、色段、绢、磁器之属。⑥

诗曰

佐法儿名国，周围石垒城。乳香多土产，米谷⑦少收成。大海鱼无限，荒郊草绝生。采风⑧吟异境，民物互经营。

---

① 《瀛涯胜览》作祖法儿，即 Zufar 或 Zafar 之对音，今地图作 Dhofar 者是也。
② 原作高层三五者，影本同，从朱本改。
③ 原脱颇淳二字，从朱本、影本补。
④ 《诸蕃志》弼琶啰条作徂蜡，大食语 Zurafa 之对音。《瀛涯胜览》阿丹条作麒麟，则 Somali 语之对音也，盖指 giraffe。
⑤ 原作谷，从朱本、影本改。
⑥ 罗以智按:《说海》本首有"自古里国顺风二十昼夜可至"，又按:《明史》作"十昼夜"。
⑦ 原作谷，从朱本、影本改。
⑧ 原误生，影本同，从朱本改。

《纪录汇编》本

自古里国顺风二十昼夜可至，其国垒石为城，砌罗股石为屋，有高三四层者，若塔之状，厨厕卧室皆在其上。田广少收，山地黄赤，亦不生草木。民捕海鱼晒干，大者人食，小者喂养牛、马、驼、羊。男女拳发，穿长衫。女人出则以布兜头面，不令人见。风俗颇淳。地产祖剌法、金钱豹、驼蹄鸡、乳香、龙涎香。货用金银、檀香、米谷、胡椒、段绢、磁器之属。其酋长感慕恩赐，遣使奉贡方物。

竹步国①

村居寥落,地僻西方,城垣石垒,屋砌高堆。风俗亦②淳。草木不生。男女③拳发,④出以布兜头⑤。山荒地广,而多无霖。绞车深井,捕网海鱼。地产狮子、金钱豹、驼鸡有六七尺高者、龙涎香、乳香、金珀。货用土珠、色段、色⑥绢、金银、磁器、胡椒、米穀⑦之属。⑧

诗　曰

岛夷名竹步,山赤见应愁。地旱无花草,郊荒有马牛。短稍男掩膝,单布女兜头。纵目逢吟眺,萧⑨然一土丘。

---

① 竹步国,即 Jubb, Jobo。
② 三本皆作有,从四卷本改。
③ 原脱女字,从影本及四卷本补。
④ 此后三本似皆有脱文,四卷本有男子围布,妇女出则以布兜头。
⑤ 头字从四卷本补。
⑥ 原脱色字,从朱本补。
⑦ 原作谷,从朱本、影本改。
⑧ 罗以智按:《说海》本首有"其处与木骨都束山地接连"。
⑨ 原误箫,从朱本改。

《纪录汇编》本

其处与木骨都束山地连接，村居寥落，垒石为城，砌石为屋。风俗亦淳。男女拳发，男子围布，妇女出则以布兜头，不露身面。山地黄赤，数年不雨，草木不生。绞车深井，网鱼为业。地产狮子、金钱豹、驼蹄鸡，有六七尺高者，其足如驼蹄、龙涎香、乳香、金珀。货用土硃、段绢、金银、磁器、胡椒、米谷之属。酋长受赐感化，奉贡方物。

木骨都束①国②

濒海之居，堆石为城，操兵习射，俗尚嚣强。垒石为屋，四五层高，房屋厨厕③待客俱于上也。男女拳发四垂，腰围稍布。女发盘，黄漆光头，两耳垂④珞索数枚，项⑤带银圈，璎珞垂胸，出则⑥单布兜遮，青纱蔽面，足履皮鞋。山连地广，黄赤土石，不生草木，田瘠少⑦收。数年无雨，穿井绞车，羊皮袋水。驼、马、牛、羊，皆食海鱼之干。地产乳香、金钱豹，海内采龙涎香。货用金银⑧、色段、檀香、米穀⑨、磁器、色绢之属。⑩

---

① 原误东，从朱本、影本改。
② 木骨都束国，即 Mogadiso, Mogedoxu。
③ 前二字，原倒误，从朱本、影本改。
④ 原脱垂字，从朱本、影本补。
⑤ 原误顶，从朱本改。
⑥ 前二字，原倒误，从朱本、影本改。
⑦ 原误不，从朱本、影本改。
⑧ 原作钱，从朱本、影本改。
⑨ 原作谷，从朱本、影本改。
⑩ 罗以智按：《说海》本首有"自小葛兰顺风二十昼夜可至"。

诗　曰

木骨名题①异，山红土色黄。久晴天不雨，历岁地无粮。宝石连珠索，龙涎及乳香。遥看风物异，得句喜②成章。

《纪录汇编》本

自小葛兰顺风二十昼夜可至，其国濒海，堆石为城，垒石为屋四五层，厨厕待客俱在其上。男子拳发四垂，腰围稍布。女人发盘于脑，黄漆光顶，两耳挂络索数枚，项带银圈，璎络垂胸，出则单布兜遮，青纱蔽面，足履皮鞋。山连地广，黄赤土石，田瘠少收。数年无雨，穿井甚深，绞车以羊皮袋水。风俗嚣玩，操兵习射。其富民附舶远通商货。贫民网捕海鱼，晒干为食，及喂养驼、马、牛、羊。地产乳香、金钱豹、龙涎香。货用金银、色段、檀香、米谷、磁器、色绢之属。其酋长效礼进贡方物。

---

① 原作提，从朱本、影本改。
② 原误善，从朱本、影本改。

溜洋国①

其中有溜山，有锡兰②山，别罗里③起程南去，④海中天巧，石门有三⑤，远远⑥如城门，中过船。溜⑦山有八，曰⑧沙溜、官屿溜、⑨壬不知溜、⑩起来溜、⑪麻里溪溜、⑫加平年溜、⑬加加溜、安都里溜，⑭皆

① 原无国字，从影本补，《岛夷志略》名此国曰北溜，《瀛涯胜览》名溜山国，今 Maldives 群岛也。
② 三本皆误罗，从四卷本改。
③ 别罗里地名并见祝允明《前闻记》下西洋条，《旧考》谓是锡兰岛中之 Belligamme，其说近似，此地距《岛夷志略》大佛山条之迓里（Galle）甚近，而郑和等所立三种文字碑（见本书锡兰山条）即发现于迓里也。
④ 此后应有脱文，四卷本下有"顺风七昼夜可至其山"，前文殆由费信得诸耳闻，此下所记并出《瀛涯胜览》溜山条。
⑤ 《瀛涯胜览》作一。
⑥ 第二远字四卷本作望。
⑦ 原误流，从朱本、影本改。
⑧ 原误日，朱本作田，从影本改。
⑨ 《瀛涯胜览》作官瑞溜。
⑩ 《瀛涯胜览》作人不知溜。
⑪ 《瀛涯胜览》作起泉溜。
⑫ 《瀛涯胜览》作麻里奇溜。
⑬ 《瀛涯胜览》作加半年溜。
⑭ 以上八溜三本皆同。

人聚居，亦有主者①，而通商舶。其八处地产龙涎香、乳香。货用金银、色段、色绢、磁器、米穀②之属。传闻有三万八千余溜③山，即弱水三千之言也。亦有人聚，巢树穴居。不识米穀④，但捕海中鱼虾而食。裸形无衣，惟结树叶遮前后也。若商船因风落溜，人船不得复矣。⑤

诗　曰

溜山分且众，弱水即相通。米穀⑥何曾种，巢居亦自同。盘针能指侣⑦，商船虑狂风。结叶遮前后，裸形为始终。虽云瀛海外，难过石门中。历览吟成句，殷勤献九重。

《纪录汇编》本⑧

自锡兰山别罗里南去，顺风七昼夜可至其山。海中天巧，石门有三，远望如城门，中可过船。溜山有八，沙溜、官屿溜、人不知溜、起来溜、麻里溪溜、加平年溜、加安都里溜。其八处网捕溜洋大鱼作块，晒干以代粮食。男子拳发，穿短衫，围梢布。风俗嚚强。地产龙涎香。货用金银、段帛、磁器、米谷之属。其酋长感慕圣恩，常贡方物。传闻又有三万八千余溜山，即弱水三千之说也。亦有人聚，巢居穴处。不识米谷，但捕鱼虾为食。裸形无衣，惟纫树叶遮其前后。若商舶因风落其溜，人船不可复矣。

---

① 前二字，原作生焉，影本同，从朱本改。
② 原作谷，从朱本、影本改。
③ 《瀛涯胜览》作三千余溜，万八二字疑衍。
④ 原作谷，从朱本、影本改。
⑤ 罗以智按：《说海》本首云"自锡兰山别罗里南去顺风七昼夜可至"。
⑥ 原作谷，从朱本、影本改。
⑦ 原作侣，从朱本、影本改。
⑧ 作溜山洋国。

卜①刺哇国②

傍海为国，居民聚落。地广斥卤，有盐池，但投树枝于池，良久捞起，结成白盐食用。无耕种之田，捕鱼为业。男女拳发，穿短衫，围稍布。妇女两耳带金钱，项③带璎珞。惟有葱蒜，无瓜茄。风俗颇淳。居屋垒石，高起三五层④。地产马哈兽⑤、花福禄、豹、麂、犀牛、没药、乳香、龙涎香、象牙、骆驼。货用金银、段绢、米荳⑥、磁器之属。⑦

诗曰

卜⑧剌邦濒海，无田种稻禾。树枝投入沼，咸⑨水结为醝⑩。自古

---

① 原误小，从朱本、影本改，《明史》作不。
② 卜剌哇国，即 Brawa。
③ 三本皆作顶，从四卷本改。
④ 朱本、影本后有者字。
⑤ 马哈兽即 Oryx，花福禄即 Zebra，本书阿丹条作黑白花驴。
⑥ 朱本、影本作豆。
⑦ 罗以智按：《说海》本首有"自锡兰山别罗南去二十一昼夜可至，其国与木骨都束国接连"。
⑧ 原作小，朱本同，从影本改。
⑨ 三本皆误醎，今改。
⑩ 三本皆误醒，今改。

瓜茄乏,从来葱蒜多。异香兼①异兽,②感兴一③吟哦。

《纪录汇编》本

自锡兰山别罗南去二十一昼夜可至,其国与木骨都束国接连。山地傍海而居,垒石为城,砌石为屋,山地无草木。地广斥卤,有盐池,但投树枝于池,良久捞起,结成白盐。风俗颇淳,无田耕种,捕鱼为业。男女拳发,穿短衫,围梢布。妇女两耳带金钱,项挂璎珞。惟有葱蒜,无瓜茄。地产马哈兽,状如麝獐;花福禄,状如花驴;豹、麂、犀牛、没药、乳香、龙涎香、象牙、骆驼。货用金银、段绢、米豆、磁器之属。其酋长感慕恩赐,进贡方物。

---

① 原误廉,从影本改。
② 前五字朱本作殊方异兽,脱一字。
③ 原缺一,从朱本、影本补。

天方国①

地多旷漠,即古筠②冲之地,名为西域。风景融和,四时皆③春也。田沃稻饶,居民④安业,⑤风俗好善。有酋长,无科扰于民,无⑥刑法之治,自然淳化。不生盗贼,上下和美。古置⑦礼拜⑧寺,见月初生,其酋长及民下悉皆拜天,以为一国之化,余无所施。其寺分为四方,每方九十间,共三百六十间。皆白玉为柱,黄甘玉⑨为地,中有黑石一片,方丈余,曰汉初天降也。其寺层次高上,如塔之状。男子穿白长衫。地产金珀、宝石、真珠、狮子、骆驼、祖剌法、豹、麂。马八尺之高也,即为天马也。⑩货用金银、段匹、色绢、青花白磁器、铁鼎、铁

---

① 《瀛涯胜览》国名同,《岭外代答》作默伽,《诸蕃志》作麻嘉,《岛夷志略》作天堂,今 Mekka 也。
② 原误筼,从朱本、影本及《岛夷志略》改。
③ 原误之,影本同,从朱本改。
④ 原倒误,从朱本、影本及《岛夷志略》改。
⑤ 以上本《岛夷志略》。
⑥ 原脱无字,从朱本补。
⑦ 原误值,朱本作制,从影本改。
⑧ 三本皆作格,从四卷本改。
⑨ 原误土,从朱本、影本改。
⑩ 《岛夷志略》地产西马,高八尺许。

铫之属。乃日中不市，至日落之后以为①夜市，盖其日色热之故也。②

诗曰

罕见天方国，遗风礼义长。存心恭后土，加额感穹③苍。玉④殿临西域，山城接大荒。珍珠光彩洁，异兽贵驯⑤良。日以安民业，晚来聚市商。景融禾稼盛，物阜草木香。尤念苍生志，承恩览远邦⑥。采诗虽句俗，诚意献君王。⑦

《纪录汇编》本

其国自忽鲁谟斯四十昼夜可至。其国乃西海之尽也，有言陆路一年可达中国。其地多旷漠，即古筠冲之地，名为西域。风景融和，四时皆春也。田沃稻饶，居民安业。男女穿白长衫，男子削发，以布缠头，妇女编发盘头。风俗好善。酋长无科扰于民，亦无刑罚，自然淳化。不作盗贼，上下安和。古置礼拜寺，见月初生，其酋长与民皆拜天，号呼称扬以为礼，余无所施。其寺分为四方，每方九十间，共三百六十间。皆白玉为柱，黄甘玉为地，中有黑石一片，方丈余，曰汉初时天降也。其寺层次高上，如塔之状。每至日落，聚为夜市，盖日中热故也。地产金珀、宝石、真珠、狮子、骆驼、祖剌法、豹、麂。马有八尺高者，名为天马。货用金银、段匹、色绢、青白花磁器、铁鼎、铁铫之属。其国王臣深感天朝使至，加额顶天，以方物、狮子、麒麟贡于廷。

---

① 原脱为字，从朱本、影本补。
② 罗以智按：《说海》本首有"其国自忽鲁谟斯四十昼夜可至，其国内西海之尽也，有言陆路一年可达中国。"
③ 三本皆误穹，今改。
④ 原误王，从朱本、影本改。
⑤ 原误训，从朱本、影本改。
⑥ 朱本作方。
⑦ 后有字两行，一行曰："道光甲辰清明日校，镜泉罗以智。"一行曰："是本为明人旧抄本传抄，以《说海》本校一过，乙巳试镫日识。"

阿鲁国①

原　缺②

《纪录汇编》本

其国与九州山相望，自满剌加顺风三昼夜可至。其国风俗气候，与苏门答剌大同小异，田瘠少收，盛种芭蕉、椰子为食。男女裸体，围梢布，常驾独木舟入海捕鱼，入山采米脑香物为生。各持药镞弩防身。地产鹤顶、片米、糖脑，以售商舶。货用色段、色绢、磁器、烧珠之属。

《星槎胜览》后集终③

---

① 《瀛涯胜览》作哑鲁，《爪哇史颂》中之 Harwa，苏门答剌岛东北岸之 Aru 港也。
② 《瀛涯胜览》云："自满剌加开船，好风行四昼夜可到，其国有港名淡水港一条，入港到国，南是大山，北是大海，西连苏门答剌国界，东有平地。"
③ 原缺此行，从朱本、影本补。

附录一：费信传[①]

费信字公晓，永乐间诏中官郑和使西洋，抚谕诸番夷，发锐卒二万三千，艎四十有八。简文采论识之士颛一策书，备上清览，信首预选。由东吴海壖开艎历广闽诸岛，凡四十余邦，计程八万。自己丑至宣德癸丑，岁踰二纪。信每莅番城，辄伏几濡豪，叙缀篇章，标其山川夷类、物候风习，诸光怪奇诡事，以储采纳，题曰《星槎胜览》。邑人周复后为删析，附玉峰诗纂行世。

---

① 见《昆新两县续修合志》卷三十《文苑》一。

附录二：归有光题[1]

余家有《星槎胜览》，辞多鄙芜，上海陆子渊学士家刻《说海》中有其书，而加删润。然余性好聚书，独以为当时所记，虽不文亦不失真，存之以待班固、范晔之徒为之可也。凡书类是者，予皆不惮雠校，卷帙垢坏，必命童子重写。盖余之笃好于书如此，己未中秋日。[2]

---

[1] 见《震川集》卷五。
[2] 同卷后有题《瀛涯胜览》语，首云"余友周孺允家多藏书，予尝从求《星槎集》以校家本，孺允并以此书见示，盖二人同时入番，可以相互参考，亦时有古记之所不载者"云云，尾题"己未潮生日书"。

附录三：罗以智跋[①]

费信《星槎胜览》二卷，《四库》未著录，曾刊入《说海》中，与诸家书目皆分四卷，是本为明人旧抄。前集所亲历者二十二国，曰占城国、曰宾童龙国、曰灵山、曰昆仑山、曰交栏山、曰暹罗国、曰爪哇国、曰旧港[②]、曰满剌加国、曰九洲山、曰苏门答剌国、曰花面国[③]、曰龙牙犀角、曰龙涎屿、曰翠蓝屿、曰锡兰山国、曰小唄喃国[④]、曰柯枝国、曰古里国、曰忽鲁谟斯国、曰刺撒国、曰榜葛剌国。后集所传译者二十二国，曰真腊国、曰东西竺[⑤]、曰淡洋、曰龙牙门、曰龙牙善提、曰吉里地门、曰彭坑[⑥]、曰琉球国、曰三岛国、曰麻逸国、曰假里马丁国、曰重迦逻、曰渤泥国、曰苏禄国、曰唄喃国、曰阿丹国、曰佐[⑦]法儿国、曰竹步国、曰木骨都束国、曰溜洋、曰卜[⑧]剌哇国、曰天方国。《说海》本只四十国，错杂载之，有阿鲁[⑨]，而无龙

---

① 钧按：跋中小注，皆镜泉先生自注。
② 即《明史》三佛齐国。
③ 即《明史》那孤儿国。
④ 《说海》本，唄喃皆作葛兰，《明史》同。
⑤ 即《明史》柔佛国。
⑥ 《明史》作彭亨，注云："作溢亨，又作彭坑。"
⑦ 《明史》佐作祖。
⑧ 《明史》卜作不。
⑨ 《明史》亦作哑鲁。

牙善提、琉球、三岛、渤泥、苏禄。其文句大有详略，如苏门答剌国一条"金钱每二十八个，重金五两二钱"，是本则云"金钱每四十八个，重金一两四分"，更为歧异。首冠"自序"，两本各别。纪年皆为正统丙辰，不解何以不同如是？是本每国后各系以诗，唯阿丹一首为七言，余悉五言。交栏山独无诗，疑有脱佚。《说海》本诗皆删去。朱竹垞检讨辑《明诗综》，想亦未见是本，故其人未经采入。是书所记诸国道里、山川、风俗、物产，多与《明史》同。信自永乐至宣德间遣往西洋四次，按史传郑和经事三朝，先后七奉使上西洋。是书一在永乐七年，《明史》作六年；一在永乐十年，随奉使少监杨敕等，不言郑和，《明史·本纪》是年十一月丙辰亦使郑和；一在永乐十三年，《明史》作十四年；一在宣德六年，《明史》作五年，考当年亲随郑和下西洋者，尚有巩珍，著《西洋番国志》；一在永乐十九年十月十六日，与《明史·本纪》书于正月癸巳不符；一在宣德五年五月四日，与《明史》符，而与是书不符。马欢著《瀛涯胜览》，在永乐十一年，与《明史·本纪》书于十年十一月丙辰不符，又不解何以不同如是？果以史书为足征，如《爪哇传》中云："至今国之移文后书一千三百七十六年，盖汉宣帝元康元年，乃其建国之始也"。推元康元年丙辰，至宣德七年壬子，历二十五甲子，为一千四百九十七年，当肇启于东汉光武帝中元二年丁巳，此不难于稽考者，犹有舛误，亦未可遽信史书，谓诸家传纪尽不足依据者矣。有按巩、马两书皆有黎伐、南勃里①，稽之《明史》，郑和所使之国，更有西洋琐里、琐里、加异勒、阿拨把丹、南巫里、甘把里、急兰丹、比剌、阿利、麻林、沙里湾泥、小阿兰，是书未记及。意者此数国信未亲历，抑传译亦莫得其略者欤。至是书所记龙牙犀角、淡洋、龙牙善提、吉里地门、假里马丁、重迦逻诸国，则未尝不可以补《明史》之所缺遗耳。

---

① 《明史》勃里作渤利。

附录四：郑和航海图

整理《郑和航海图》序言

《郑和航海图》见于明茅元仪编辑的《武备志》卷二百四十，图的原名是：《自宝船厂开船从龙江关出水直抵外国诸番图》。过去使用此图的人嫌原名太长，不能一目了然，多省称为《郑和航海图》。现在整理重印，也就采用了这一个名称。

原图一共二十四页：序一页，地图二十页，《过洋牵星图》二页（四幅），空白一页。序仅一百四十二个字，当出于茅元仪之手。元仪，明浙江归安（今湖州市）人。生于明万历至崇祯之间。他的祖父茅坤，人称鹿门先生，是一位古文家，也是一位军事家，打过仗，做过兵部官，佐过胡宗宪的幕，熟悉海防。元仪少好谈兵，曾佐孙承宗军幕，官至副总兵，守觉华岛，和满洲对过阵，不愧为将门之子。他因为生当明季国家多事之秋，所以除去自己参军而外，还讲求韬略，写了一些有关军事和边防的书，《武备志》就是他所编写的一种。《武备志》是他寓居金陵时所作，于明毅宗朱由检崇祯元年（公元一六二八年）进呈，因为书里讲到辽事和建州，清朝列为禁书，到道光以后才开禁，重行摆印。今行世有明天启刊本，清道光木活字本和日本刊本。《武备志》所收《航海图》，元仪在序里没有说明来历，只说明成祖朱棣派人出使海外诸国，"当是时臣为内竖郑和，亦不辱命焉。其图列道里国土，详而不诬"云云。至于此图是否郑和所用，或出于何人何时，序文一字不提。今按明世宗朱厚熄嘉靖二十六年（公元一五五七年），胡宗宪为浙江巡抚，为防御倭寇，曾请郑若曾等人搜集海防材料，编辑《筹海图编》。茅坤在胡宗宪幕府里参加过《筹海图编》的编纂工作，见到一些与海防有关的材料；他又做过兵部的官，也可能见到兵部的档案。元仪秉承家学，著述等身，《武备志》里的《航海图》，如不是出自兵部档案，就是从胡宗宪那里得来的，一定是渊源有自之作。其次，这一部地图所表现的大概是明宣宗朱瞻基宣德五年（公元一四三〇年）郑和最末一次下西洋，图上的航程、地理，与祝允明《前闻记》所记宣德一次下西洋相合。所以《武备志》里的这部《航海图》，可以假定为十五世纪中叶传下来的。在中国地图学史上，就海图而言，这要算是最早的了。

全部《航海图》是仿照《长江万里图》的一字展开式绘制而成的。因为用的是书本式（原来当是手卷式，收入《武备志》后改成书本式），自右而左。宝船出长江口以后，向南沿着江、浙、闽、粤海岸西行，这样展开是容易了解的。只有从南京至长江口一段，是自西向东，为着配合出长江口以下各段，绘制时在图上把南京至长江口的方位颠倒过来，长江南岸的地方挪到北岸，北岸的挪到南岸，成为上南下北，这样一直画到长江口。出长江口以后，恢复了正常的方位。这是这部地图的读法的第一点。其次，地图上到了印度的孟加拉国湾（Bay of Bengal），伊朗的阿曼湾（Gulf of Oman）以及由阿拉伯半岛南端的亚丁（Aden，原图二〇页下作阿丹），渡亚丁湾（Gulf of Aden）到非洲东部，在这些要大转弯的地方，图上采用上下对列的办法，来解决两岸相对的地名。明白图上的这些绘图法，就比较好读了。全图以南京为起点，最远到非洲东岸怯尼亚（Kenya）的慢八撒（Mombasa，今图作蒙巴萨），即南纬四度左右为止，包括亚、非两洲，所收地名达五百个之多。五百个地名中，本国部分约占二百，其余亚、非诸国约占三百。元代汪大渊的《岛夷志略》所记外国地名不过一百，《航海图》比《志略》要多两倍。十五世纪以前，我们记载亚、非两洲的地理图籍，要以这部《航海图》的内容为最丰富了。

关于郑和下西洋和《武备志》中所收的《郑和航海图》，近百年来，中外学者都作过一些研究。中国方面如梁任公、冯承钧等人，欧洲方面如 W. F. Mayers, W. P. Groeneveldt, G. Phillips, J. J. Duyvendak, P. Pelliot，日本方面如山本达郎、北村松之助诸人，他们在地理方面都做过一些考证工夫。一九四三年重庆商务印书馆出版了范文涛的《郑和航海图考》，一九四七年新嘉坡南洋编译所出版了张礼千的《东西洋考中之针路》。范书注重在马来半岛方面诸有关地名的考证，张书则西起印度，东至马来半岛、印度尼西亚、菲律宾以及越南诸地，综合旧闻，益以新知。于是郑和下西洋以及《航海图》中有关上述诸地的情形，算是大致清楚了。

自海南岛至马来半岛东岸，即原图的第十一页下至第十四页上，为交趾、占城（今越南）、真腊（今柬埔寨）、暹罗（今泰国）诸国。其中如新州即今越南归仁，灵山即华列拉岬（Cape Varella），昆仑山今图作昆仑岛（Pulo Condore），假里马达今图作卡里马塔岛（Karimata Is.），交阑山即 Gelam，吉利闷今图作卡里摩爪哇群岛（Karimon Djava Is.），爪哇今图同。这是马来半岛以东见于《航海图》的几个重要地名。

马来半岛以西如孟加拉湾中的翠兰屿今图作尼科巴群岛（Nicobar Is.），安得蛮山今图作安达曼群岛（Andaman Is.），锡兰山即今锡兰（Ceylon）。溜山国今图作马尔代夫群岛（Maldive Is.），在印度南部的印度洋中。印度大陆上如榜葛剌即今孟加拉国（Bengal），小葛兰今图作魁朗（Quilon），柯枝作科钦（Cochin），古里作卡利卡特（Calicut）。忽鲁谟斯作霍木兹（Hormuz），属今伊朗。佐法儿今图作 Dhofar，阿丹今图作亚丁（Aden），俱在阿拉伯半岛。木骨都束今图作莫格迪绍（Mogadishu），卜剌哇今图作布腊伐（Brava），竹步即 Juba，麻林地即 Malindi，慢八撒今图作蒙巴萨（Mombasa），这些都在南纬四度以北非洲东北部沿海对着印度洋的一些地方。

以上所举的一些地方，近百年来经过许多人的研究，大致可以确定了。现在以此为基准点，用今图和《航海图》对照来推究其他地名，并初步加以说明。

从马来半岛北部下缅甸地方说起。原图第十七页下有答那思里，第十八页上有打歪和八都马。据菲利普斯（George Phillips）《印度锡兰海港考》（The Seaports of India and Ceylon, described by Chinese voyages of the 15th century, together with an account of Chinese navigation. Journal of the China Branch of the Royal Asiatic Society, 1885, vol. xx. pp. 209–226），以及后来日本藤田丰八的《岛夷志略校注》八都马、淡邈诸条校注，答那思里就是下缅甸的 Tenasserim，古名顿逊、典逊，今图作典那沙冷。打歪即典那沙冷北面的 Tavoy，今图作土瓦。八都马即 Martaban，今图作马达班，亦称马打、毛淡棉。这些大都可信。答那思里、打歪、八都马是从下缅甸逐渐往北。八都马已到萨尔温江（R. Salween）江口，菲利普斯疑心图上的落坑就是今缅甸的首都仰光（Rangoon），很有可能。撒地港既为今孟加拉国东南岸之 Chittagong，则撒地港南的木客港也只能为今图的 Maskhal。

沿着缅甸西海岸北上的海岸线到撒地港已经尽头了，应该折而向西，沿着恒河三角洲以至印度半岛的本部。原图第十九页上至第二十页上所绘自撒地港至乌里舍城，即指沿着今孟加拉国湾北面恒河三角洲向西以至印度半岛东面最北的一段地方，绘成一湾，所以表示至印度半岛本部转而向南的意思。原图第二十页上的辛剌高岸、波罗高岸、折的希岸，今地俱无可考。所谓高岸或岸，大约就是现在印度地图上恒河三角洲一带的所谓 Point。如这一推测不误，则菲利普斯以为图上的乌里舍城的乌里舍即指 Orissa，今图作奥理萨，就更有根据了。乌里舍城当指 Cuttack，今图作卡塔克，卡塔克在马哈纳迪河（P. Mahanadi）南岸，与本图所标亦合。乌里舍塔当即卡塔克稍南的 Kanarak。Kanarak 一名黑塔（Black Pagoda），乌里舍塔得名当由于此。

从原图第十九页下和第二十页上看，由乌里舍、乌里舍塔往回走的骨八丹、佛思洞、加宁八丹、龙牙葛、俱里都利、沙里八丹、买列补、芝兰、翼城，都在今印度半岛东岸自奥理萨以南以至科摩林角（C. Comorin）一带沿海地方。印度好些地名末尾附有 Patam 的尾音，就是本图的"八丹"。骨八丹，菲利普斯以为是奥理萨南的 Maniquepatam，我以为可能是 Visagapatam，今图作维札加帕塔姆。佛思洞、龙牙葛、俱里都利无可考。加宁八丹只能为 Kalingapatam，地在马德拉斯（Madras）以北。沙里八丹应是 Masulipatam，菲利普斯的比定是对的。藤田以为是 Negapatam，然据图，沙里八丹当在芝兰之北，芝兰即 Chilambaram，毫无可疑，则沙里八丹岂能为其南面之 Negapratam，故仍以菲氏之说为胜。翼城当即《马可波罗行记》（*Marco Polo's Travels*）中的 Cail Kayal 城，《明史》作加异勒城。翼城以下为甘巴里头，算是到了半岛的最南端。甘巴里头即科摩林角，菲利普斯以下俱无异辞。到了甘巴里头，据今图，航程就应该绕向西北，沿着印度西面的马拉巴海岸（Malabar Coast）北上了。

印度西海岸除去小葛兰、柯枝、古里诸地已考订清楚而外，还有一些地名，尚待推究。原图第二十页上古里北面的白礁，虽然画在陆地上，可能是海中一岛。明代的《海道针经顺风相送》中也提到白礁，这大概是古里西面海上拉克代夫群岛（Laccadive Is.）之一。再往北的莽葛奴儿应即 Mangalore，今图作芒格洛尔。由莽葛奴儿往北至坎八叶城中间有七个地名，今俱不可考。坎八叶城，伯希和主张为 Coimbatore，我们还是倾向于旧说的 Cambay，今图作坎贝。坎八叶城北的新得，即今巴基斯坦的 Sind，今图作信德。新得再过去有客实、木克郎和克瓦答儿诸地。《马可波罗行纪》中有 Kesmacoran 国，一作 Kedjmekran。Kes, Kedj 一作 Kej, Kach，即今图的 Kachchi, Kach Gondava，国在印度河西，旧属俾路芝，今归巴基斯坦。Kach 和 Mekran 是两处地方，一在印度河西，一在阿拉伯海北岸沿海一带，古代曾并而为一，故马可书称之为 Kesmacoran，近代还有这样的称呼。原图上的客实，就是 Kachchi，木克郎就是 Macoran，或作 Mekran, Makran, Mukrān。原图把客实和木克郎两地紧挨在一起，这是合乎历史事实的。克瓦答儿在巴基斯坦最西南，与伊朗紧邻，为边海一城，即 Gwadar，今图作瓜达尔。由克瓦答儿西行，遂至忽鲁谟斯。

原图第二十二页上把忽鲁谟斯绘成一岛，这是正确的。旧忽鲁谟斯原为边海一城，马可波罗所到过而予以记载的就是边海的旧忽鲁谟斯。相传旧忽鲁谟斯于马可莅临以后，为鞑靼人所残破，于是居民迁居于附近之 Djeroun 岛。一三〇〇年左右在岛上建立新忽鲁谟斯，十七世纪以后，新忽鲁谟斯始逐渐衰歇。本图之忽鲁谟斯岛即旧 Djeroun 岛。十五世纪初郑和下西洋，他所到的忽鲁谟斯当然是新忽鲁谟斯，故图上绘成一岛。清代魏源不知道忽鲁谟斯这一段历史，反而批评《航海图》，说是"遂致岸国图成岛国。"（见《海国图志》卷二《海国沿革图叙》）其实是他自己错了。

到忽鲁谟斯以后，过忽鲁谟斯海峡（今图作霍木兹海峡），沿阿曼湾而东，是为阿拉伯半岛。原图第二十二页上左下角高耸的山峰，今图称为卡拉特（Kalhat），在马可书中称为哈剌图（Calatu），称海湾为哈剌图湾。原图第二十页下航线上之加剌哈即今卡拉特。图上从第二十二页上往回数至第二十页下，与克瓦答儿、坎八叶城、莽葛奴儿相对的地方，乃是把从阿曼湾起的阿拉伯半岛展开成一字式平列在地图上。原图第二十一页下的麻实吉即Maskat，今图作麦斯卡特，为阿拉伯半岛的东北角。至此以后逐渐向南向西移动，以至佐法儿等处。麻实吉西南的古里牙应即今阿拉伯半岛南面卡姆尔湾（Gulf of Kamar）东的Kuria Muria。以下的大湾应即为卡姆尔湾，佐法儿即在卡姆尔湾的最东边。阿丹在阿拉伯半岛的最西南，即今亚丁。佐法儿与阿丹之间，据图尚有罗法、失里儿、剌撒三地。罗法、失里儿二地无考。剌撒，伯希和以为即伊朗湾南面的El-Hasa，那是不对的。图上明明指出剌撒在佐法儿与阿丹之间。剌字可能是Ras的对音。佐法儿与阿丹之间以Ras开头的地名有十来个，颇疑此剌撒为即位于佐法儿与阿丹之间的Ras Scharwehn。到了阿丹，图上的阿拉伯半岛航程告终，底下就是渡今亚丁湾到非洲东北部了。

关于非洲东北部，具见原图第二十页下至十九页下。图上表示自阿丹渡海至非洲，形势有如河流两岸，然阿丹一段尚可见出半岛的痕迹，核以今图不难了解。据今图，过亚丁湾到非洲东北部，应绕过瓜达富伊角（Cape Guardafia）。瓜达富伊当即原图第十九页下的葛儿得风。原图第二十页上的哈甫泥，很像瓜达富伊角南的Cape Hafun，今图作哈丰角。原图第二十页下右下角有一岛名须多大屿，番名速古答剌，当即Sokotra，今图作索科特拉岛。图上的木骨都束、卡剌哇，以及见于费信书中的竹步，俱在今索马里境内。麻林地、慢八撒俱在怯尼亚境内。今图卜剌哇与竹步之间有一地名曰Djogiri，可能即原图第十九页下之者即剌哈则剌。至于原图第十九页下把慢八撒放在麻林地的上面，当然是错误的。其余俱无可考。

《航海图》上马来半岛以西以至非洲东北部的地名，用今图核对，所能指出的大致说明如上。因为我们对于印度、伊朗、阿拉伯以及东部非洲的古地理不熟，又缺乏好的历史地图可供参考，仅凭对音和地理方位来比证，难免没有错误。以上不过提出初步的意见，供研究《航海图》者参考。

《航海图》末有《过洋牵星图》四幅。清初的《海道针经指南正法》里有观星法一项，举出凉伞星、水平星、灯笼星、织女星、牛郎星、北斗中星、华盖、小北斗、南斗，凡九个星座。其中水平、灯笼、织女、北斗、华盖，亦见于《过洋牵星图》。菲利普斯在他的《印度锡兰海港考》中曾举原图第二十三页上《锡兰山回苏门答剌过洋牵星图》为例，考订了《牵星图》中一些星名的近代名称。对于北方的华盖星，他不同意是仙后座（Cassiopeia）和鹿豹座（Camelopardus）之间的四个小星的说法，他主张为小熊座（Ursa Minor）中的七星。图上把华盖星画成八个，是错了的。南方的灯笼骨星乃是南十字座（Crux Australis），南门双星为半人马座（Centaurus α.β.），东北织女星即天琴座（Lyra α.ε..ξ.），西北和西南的布司星乃是猎户座（Orion）。从锡兰到苏门答腊，据今图是东微偏南。原图第十八页至第十九页有自龙涎屿至锡兰山针路，用的是辛戌针和辛酉针，即西微偏北十五度至三十度，回程针路应是相反。锡兰南端位于北纬六度左右，苏门答腊岛北端位于北纬五度半左右。在这条在线，北斗星已经很低了，《牵星图》作一指平水，所以又用小熊星来定方向。

古代尚未发明罗盘的时候，海上航行是靠看日月星辰来定方向的。如公元五世纪初法显从印度泛海归国，"大海弥漫无边，不识东西，唯望日月星宿而进。"到了宋代，已经发明了罗盘，并且运用在航海上，可是航海时候仍然要用日月星辰来辅助。舟师"夜则观星，昼则观日，阴晦观指南针。"十三世纪末马可波罗旅行印度洋上看到观测北极星的情形，《行纪》又载马可在印度西岸马里八儿（今马拉巴 Malabar）时曾说："在此国中看见北极星更为清晰，可在水平面二肘上见之。"（冯承钧译沙海昂校注本《马可波罗行纪》下册七一七页，又可参看 H. Yule, *The Book of Ser Marco Polo*, vol. II, pp. 389—390）。其时中国的航海家早已知道运用罗盘了，而印度洋上的航海家一直到十五世纪末还是靠观察南半球可见的南极星同观测其他星宿高度的简单仪器来定航行方位（参看冯译马可书下册七一八至七一九页）。这和《郑和航海图》后面的《过洋牵星图》颇有近似之处。

《航海图》上的牵星过洋，对于星辰高低称为几指几角。据原图第二十页上下，古里国为北辰四指，莽葛奴儿为北辰五指；两地相距一指，合今图约为一度三十分强。又据原图第二十页下，阿丹为北辰五指，与莽葛奴儿同。即在同一纬度上，阿丹在今图为北纬十二度五十二分，莽葛奴儿为北纬十二度五十三分，依此，则《航海图》上的一指又当为今图二度三十四分左右。与上所推相差一度。但是据原图第二十一页下，麻实吉为北辰十二指。麻实吉即今图之麦斯卡特（Maskat），位于北纬二十三度三十分稍北，与阿丹相距七指，合今图为十度三十八分。在这里一指为一度三十一分强，和古里至莽葛奴儿一指等于一度三十分左右又相差不远。《航海图》上的一指合今图有一度半与二度半之不同，其中必有错误，其所以致误之由现在不甚了了，尚待进一步研究。

菲利普斯根据法国 M. Reinaud 所译 *Geographie d'Aboulféda* 一书的序论里所说，以为阿拉伯天文学上有所谓 Issaba 的，其意为手指头的指，又有所谓 Zam 的；一指等于八个 Zam。阿拉伯的一指相当于地图上的一度三十六分。因此菲氏认为《航海图》上的一指与阿拉伯的一指距离大致相等。菲氏没有肯定地说两者的关系究竟如何，我们以为这一问题也有待于进一步的研究，目前不能就下结论。

在《航海图》上还可以看出郑和的宝船自南京出发以至苏门答腊岛北端，航线沿途注上了罗盘针路，而不用星辰定向。从龙涎屿向西至锡兰山，更由锡兰山向西向北，无论是沿着印度西海岸走，或者横渡印度洋以至阿拉伯半岛和非洲东北部沿海，都尽量利用星辰定向，和罗盘针路相辅而行。这一事实应如何解释，还不甚清楚。

从近代地图学的观点看，《航海图》上有些地方表现的大小比例不很对，有些地方方位也摆错了，如上面所提慢八撒和麻林地就是一例。但是我们不要忘记这是十五世纪以前留下来的唯一的一部中国所绘包括亚、非两洲在内的《航海图》。虽然用的是传统的画法，只要了解它的绘制方法，配上所记针路、牵星等等，用今图仔细对照，便可以发现它相当正确。在十五世纪的世界地图学史上，像这样一部伟大的作品，还是少有的。《航海图》的绘制，用的是中国的传统画法，和阿拉伯人如 Edrisi 所绘地图很不相同。过洋牵星所用指、角等名称以及一指所等的度数，和阿拉伯人所用有相似之处。但中国航海舟师"夜则观星，昼则观日"，见于北宋朱彧《萍洲可谈》的记载，在公元十一、十二世纪之间；过洋牵星的航海术，中国与阿拉伯究竟孰先孰后，谁学谁，尚无定论。但就是这些，也不能影响到《航海图》的整个价值及其在地图学史上的地位。西欧资产阶级东方学家如法国的伯希和（P. Pelliot）、荷兰的戴闻达（J. J. L. Duyvendak）所说《航海图》是以阿拉伯人的地图为蓝本云云，那全是逞臆之谈，举不出何种证据。

整理重印本图时，为着读者的阅读方便，附了一个《郑和航海图地名索引》，每条地名加以简单的解释，说明其今为何地。全部地名约有五百个，未能考出的尚有一百五十个左右，占十分之三；即已考出的三百五十个也难免有错误遗漏之处。这些俱有待于读者的批评和指正。

编订索引绘制地图，参考了与郑和下西洋有关的一些书籍论文。此外在中籍方面还参考了下列诸书：

《郑开阳杂著》十一卷　明郑若曾著　一九三二年南京国学图书馆影印本

《筹海图编》十三卷　明胡宗宪纂　清初刊本

《新编沿海险要图说》十六卷、《长江险要图说》五卷　清余宏淦著　一九〇三年上海石印

《新译海道图说》十五卷　英国傅兰雅等译　上海制造局刻本

《东南海岛图经》十卷　清世增等译　一九〇〇年上海石印本

日本著作参考了下列两种：

《支那沿岸水路志》第二卷　日本水路部　一九一七年印本

《日支交通的研究中近世篇》　日本藤田元春著　一九三八年富山房本

核对地名时参考了下列诸中外地图：

申报馆《中华民国新地图》　曾世英等编

《中华人民共和国地图集》　地图出版社编　一九五七年

《世界地图集》　地图出版社编　一九五八年

Andrees, *Allgemeiner Handatlas*, 1907

Stielers, *Hand-Atlas*, 1907

Bibliographisches Institut Leipzig, *Weltatlas*, 1952

向　达

一九五九年十一月

郑和航海图

《武备志》卷二百四十

武備志卷二百四十

防風茅元儀輯

占度載

航海

茅子曰禹貢之終也詳哉言聲教所及儒者曰先王不務遠夫勞近以務遠君子不取也不窮兵不疲民而禮樂文明赫昭異域使光天之下無不德化焉非先王之天地同量哉唐起于西故玉關

之外將萬里明起于東，故文皇帝航海之使不知其幾十萬里，天寶啓之不可強也，當是時臣為內監，鄭和亦不辱命焉，其圖列道里國土，詳而不誣，載以昭來世志武功也、

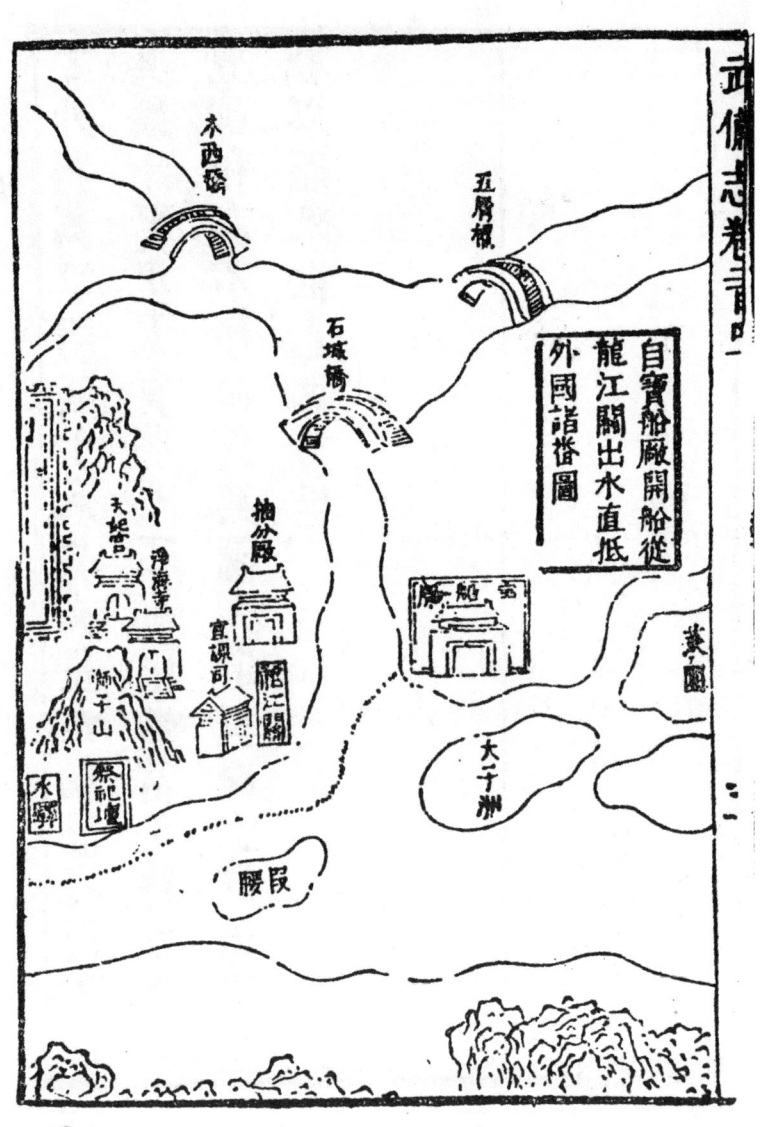

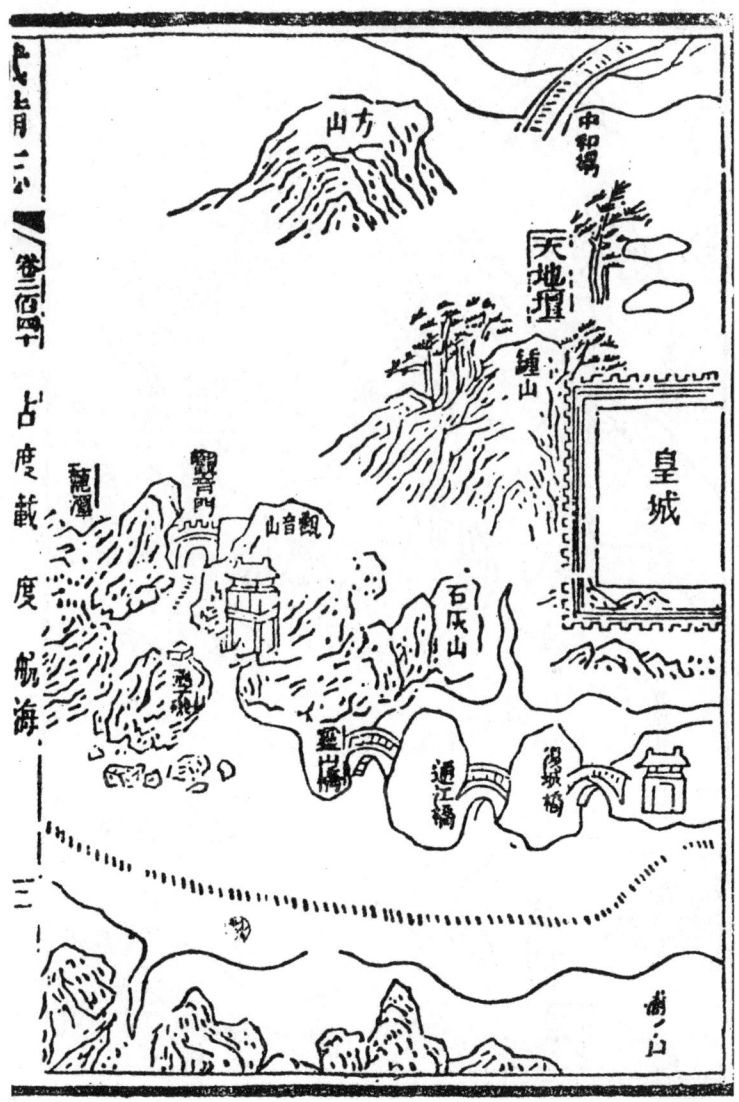

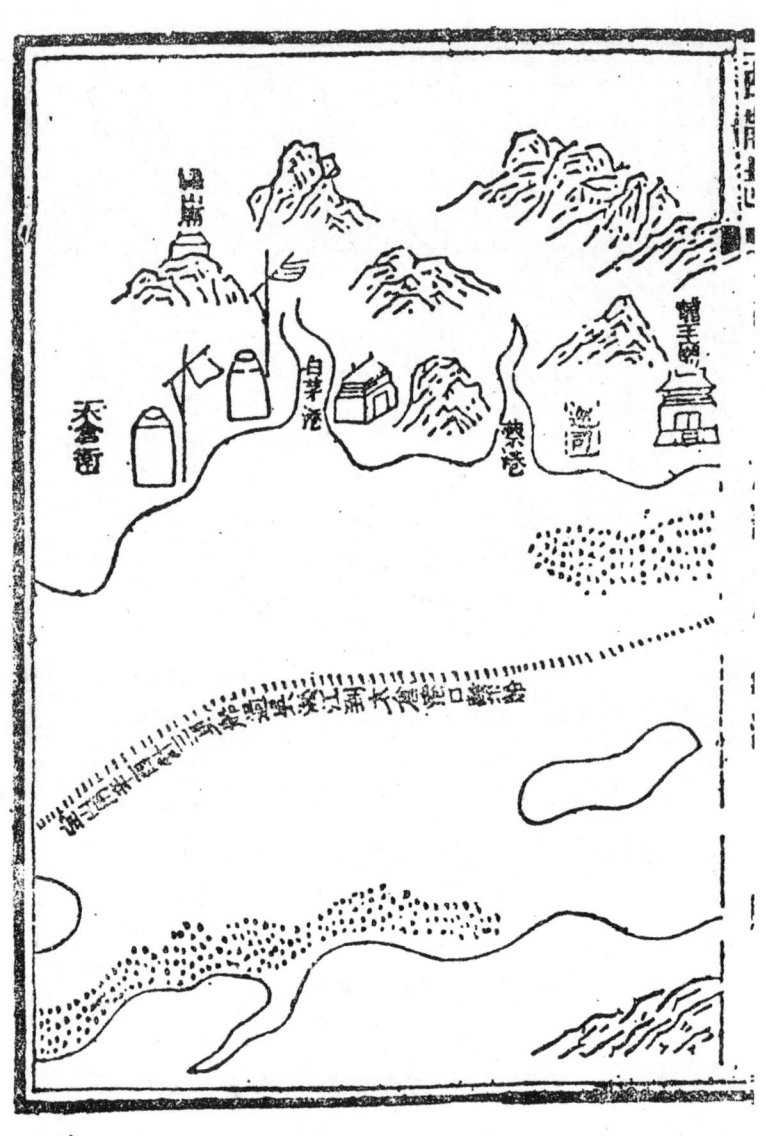

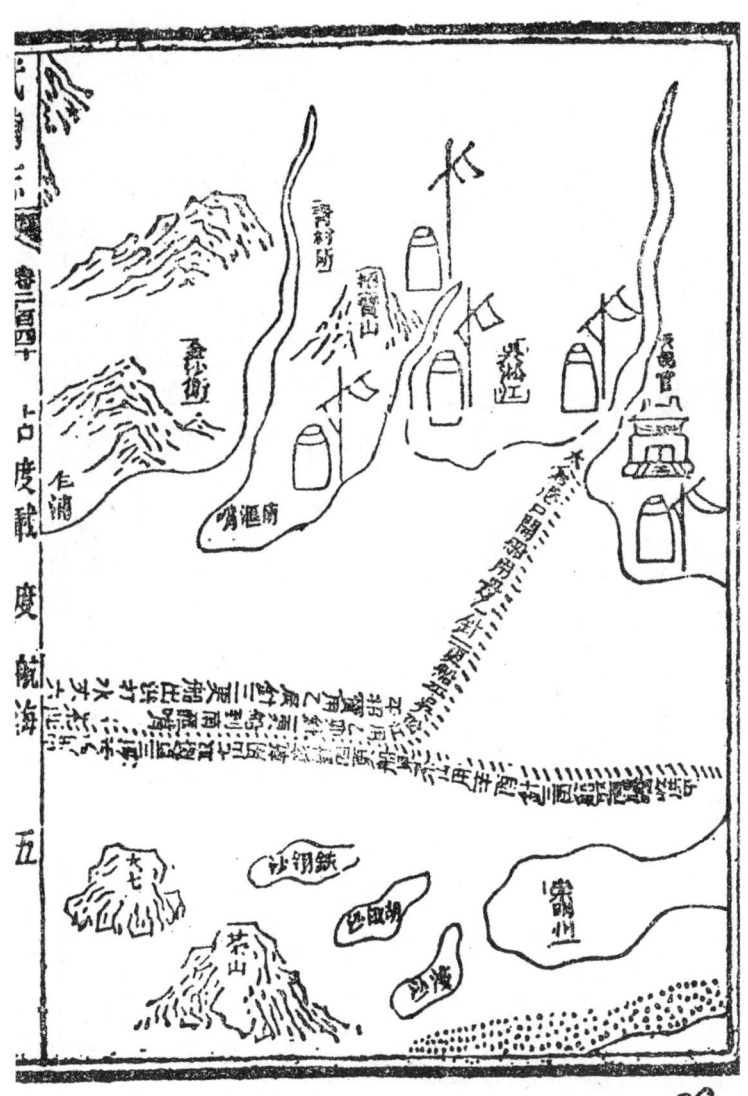

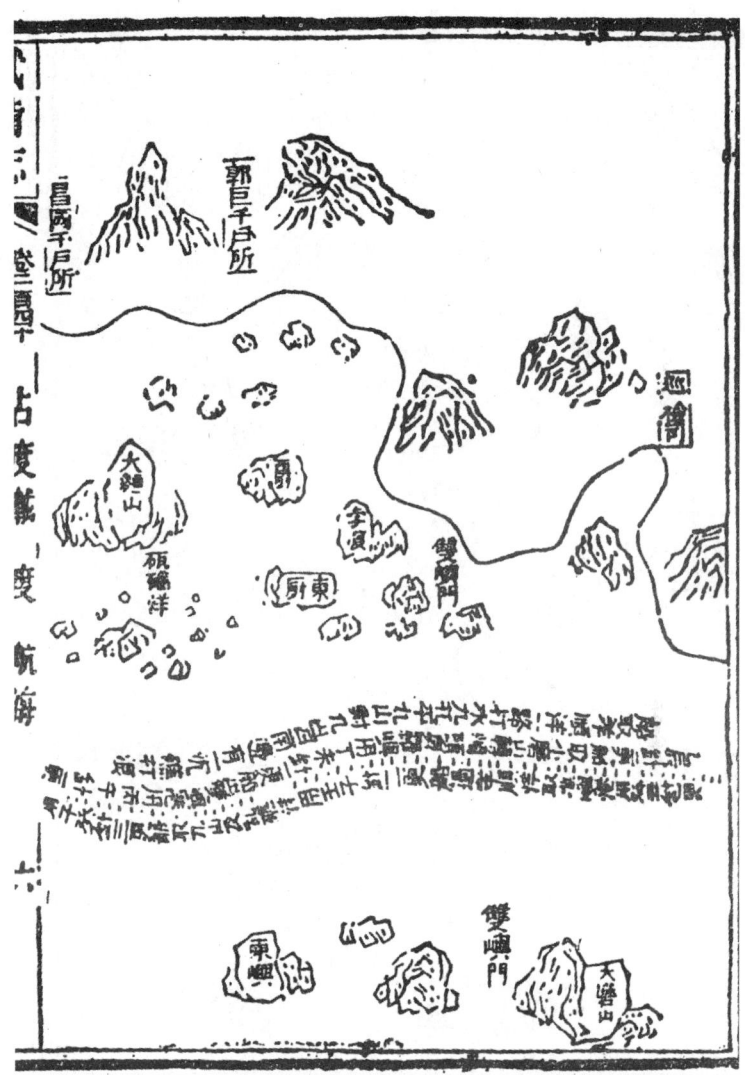

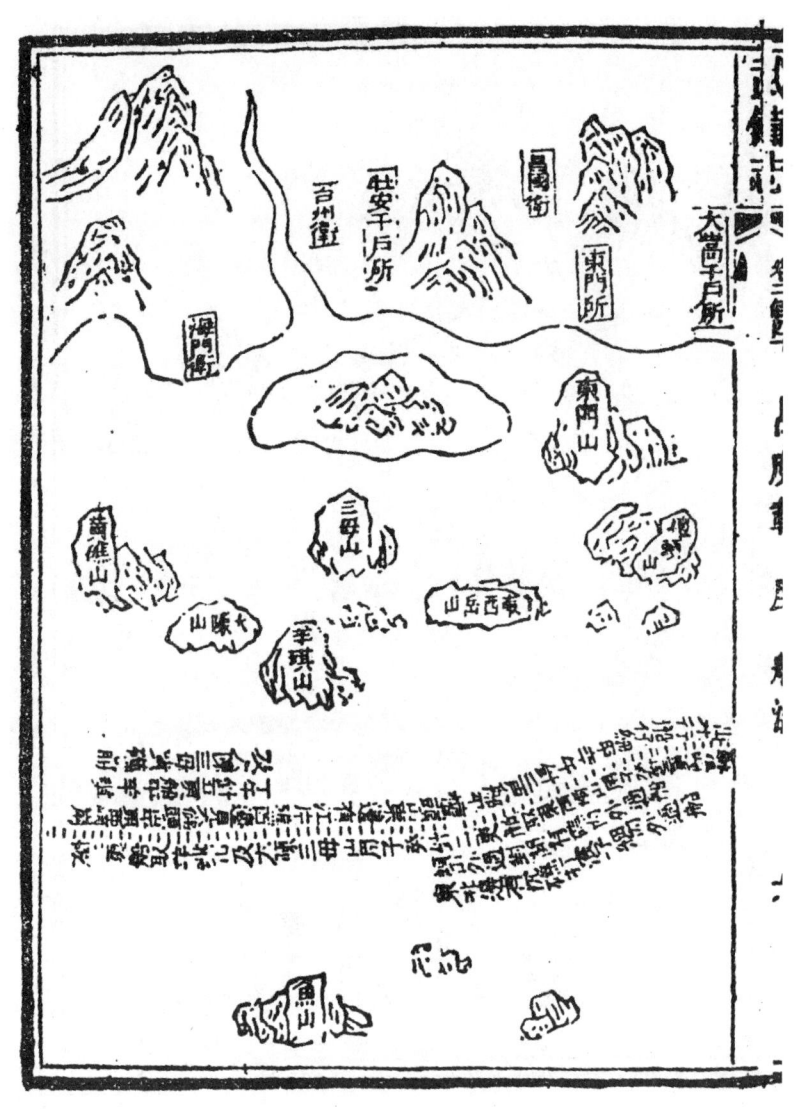

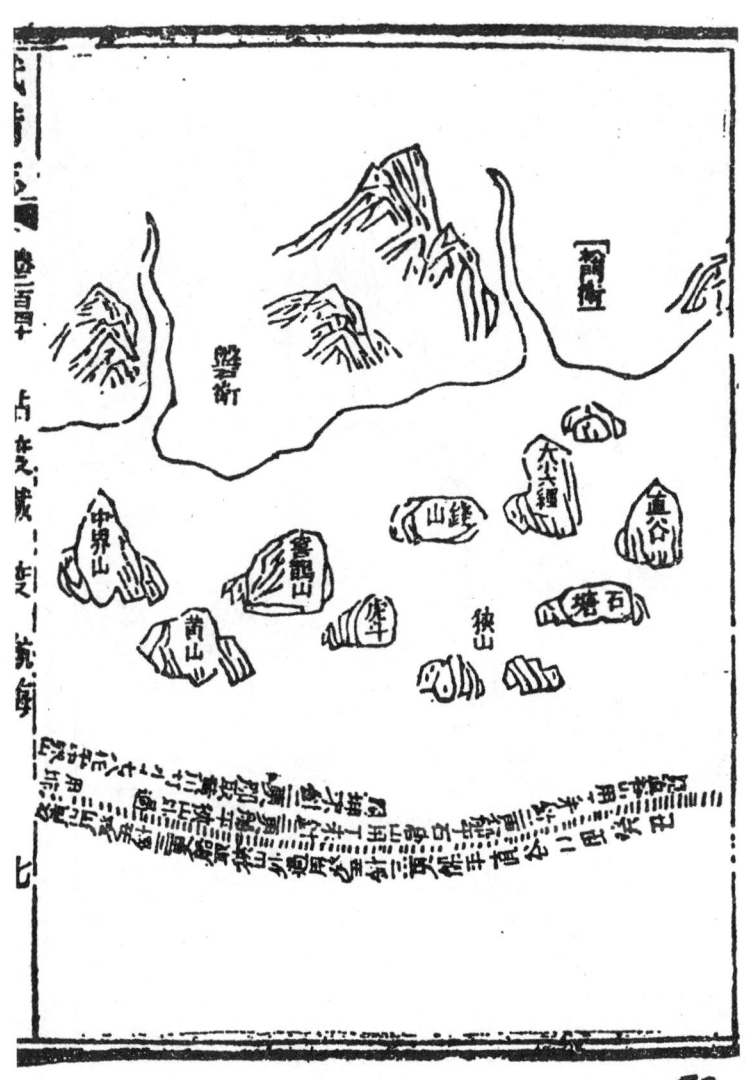

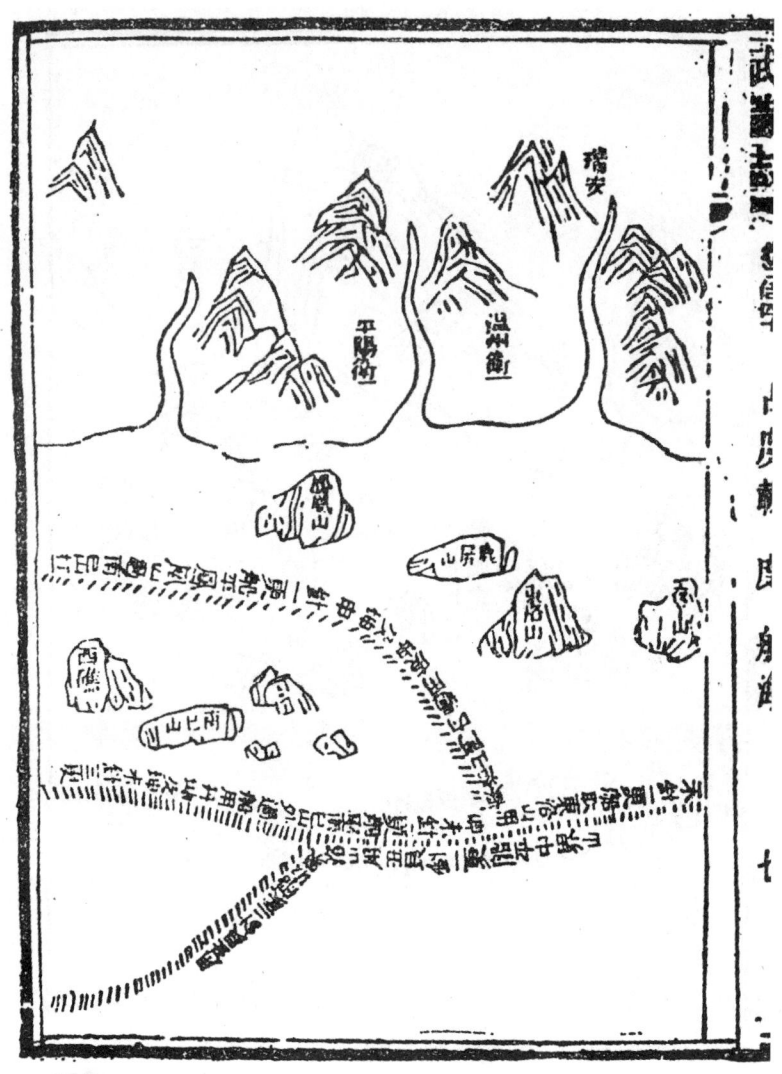

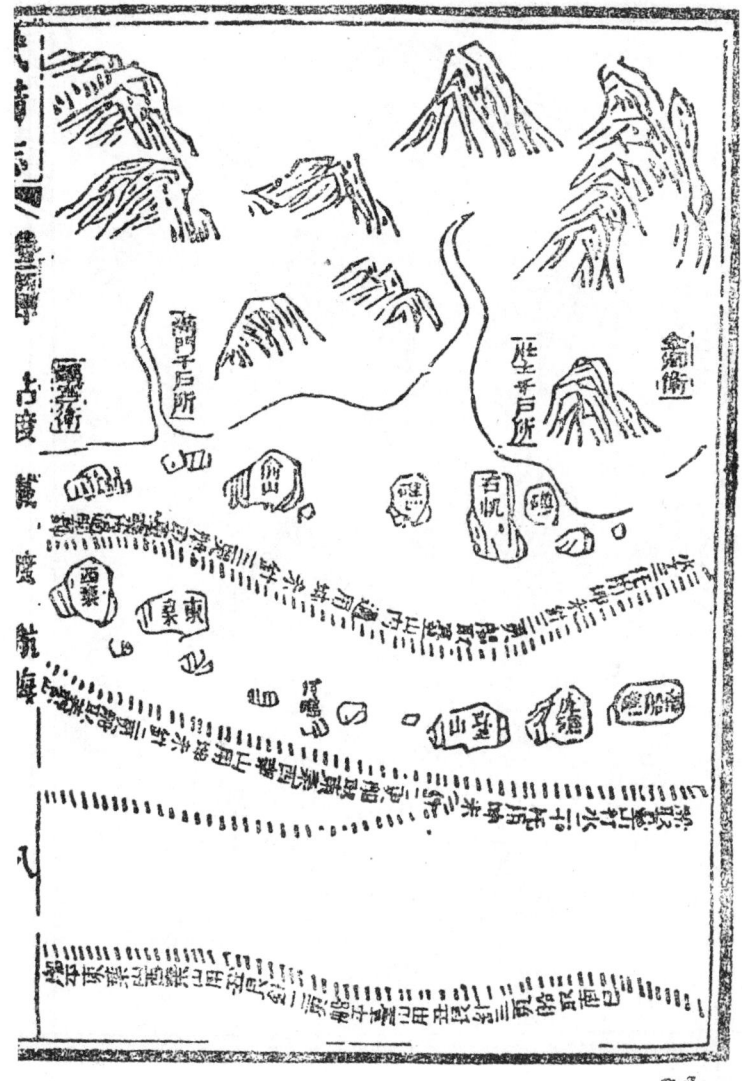

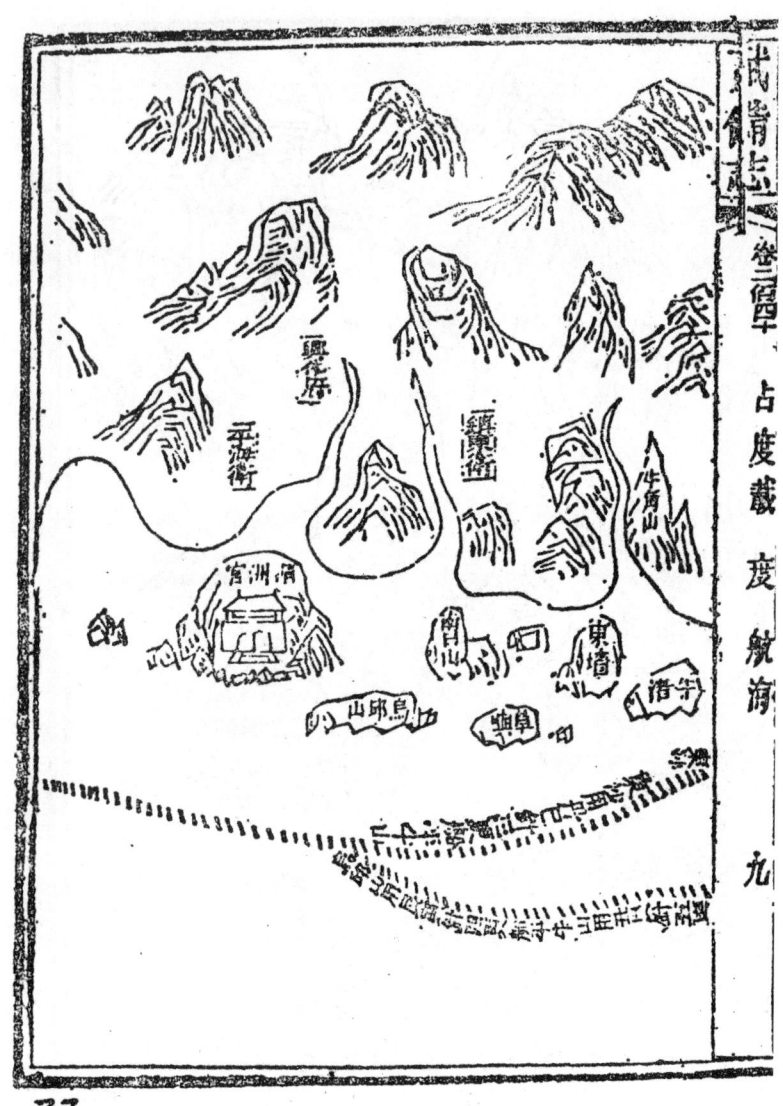

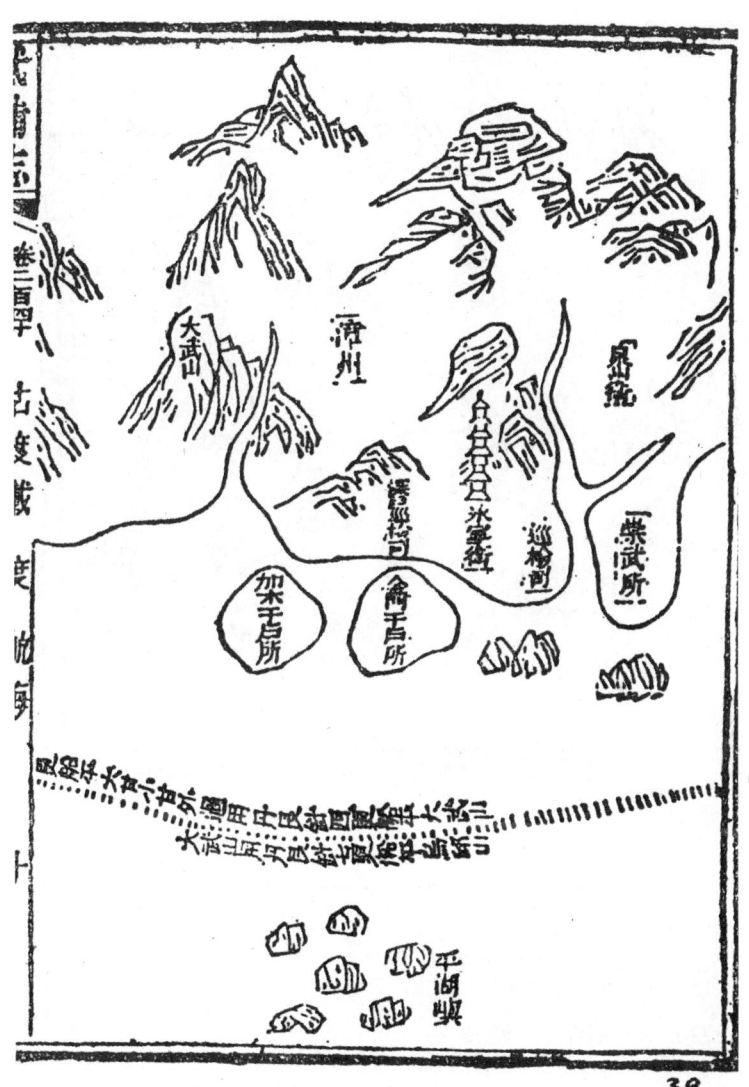

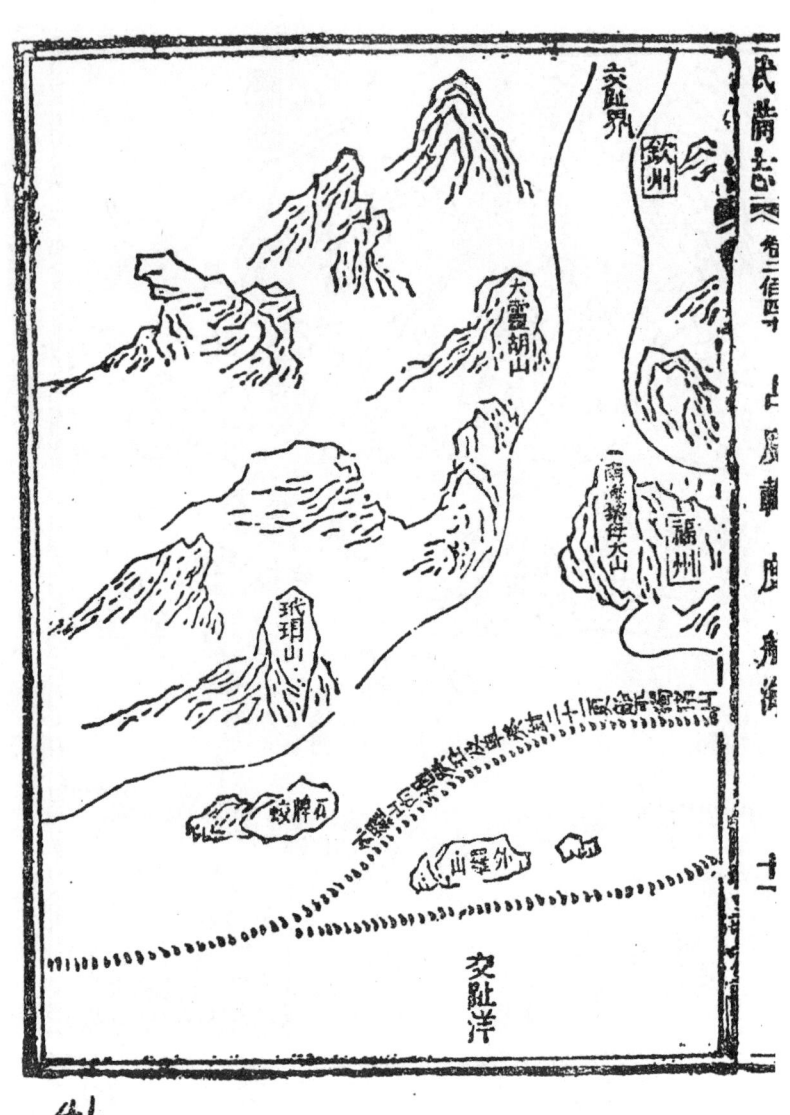

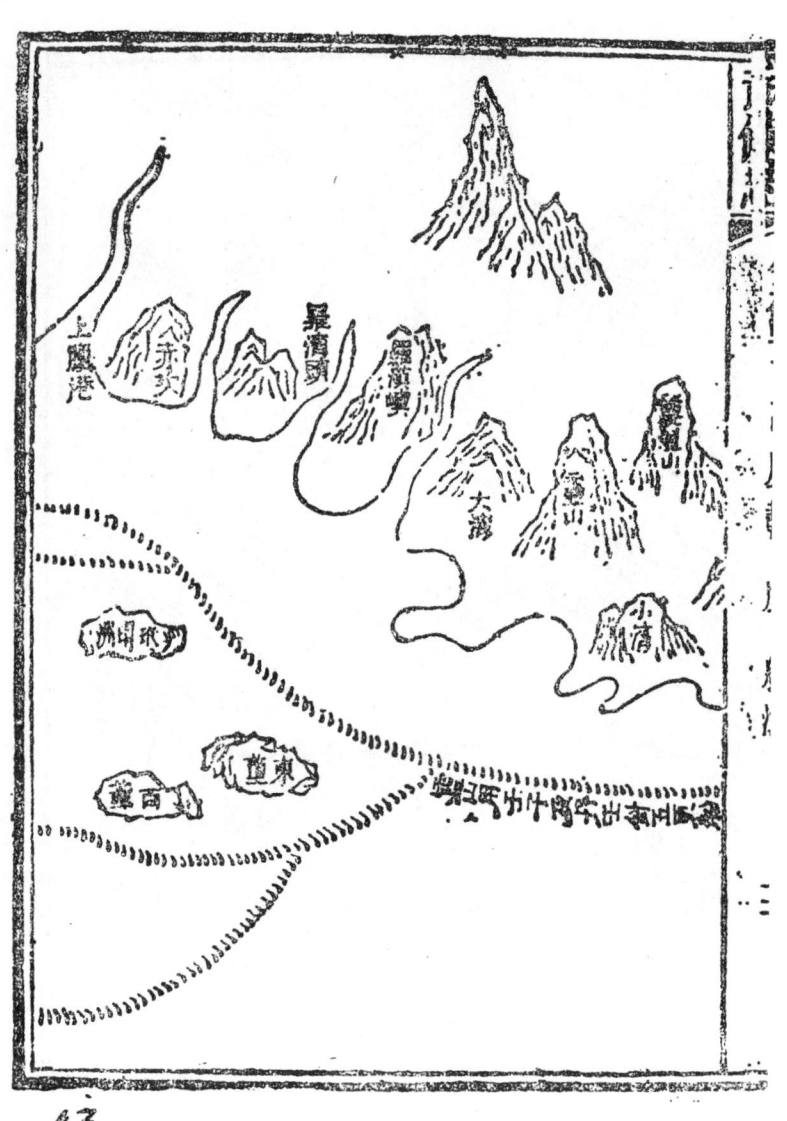

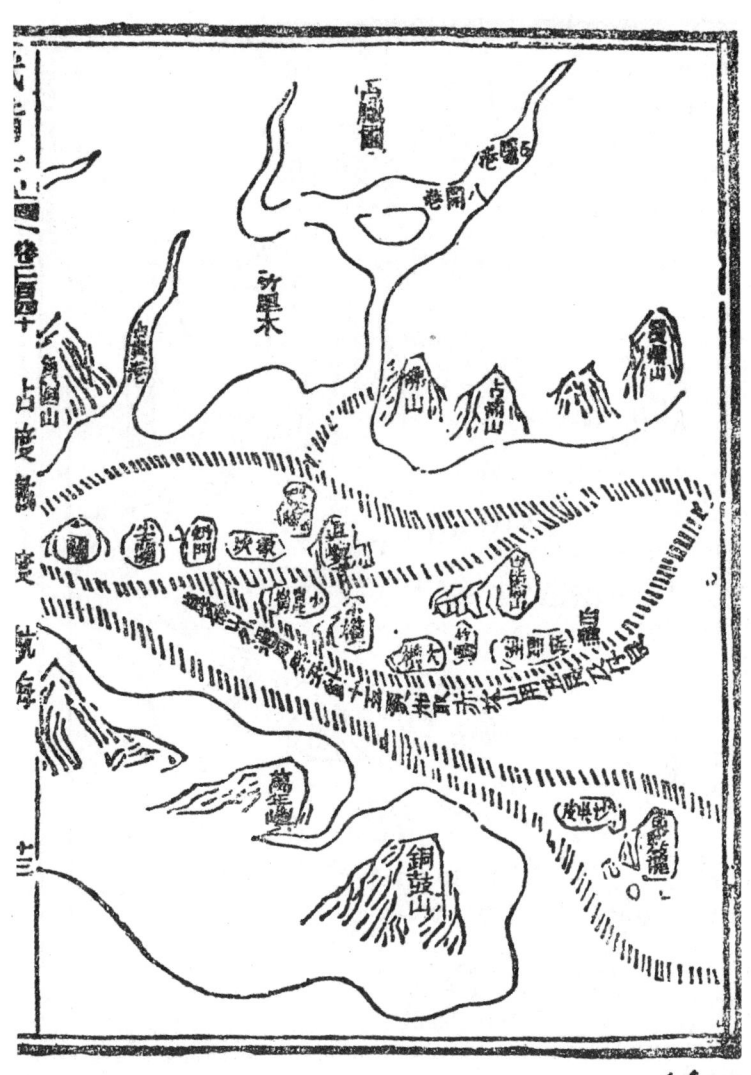

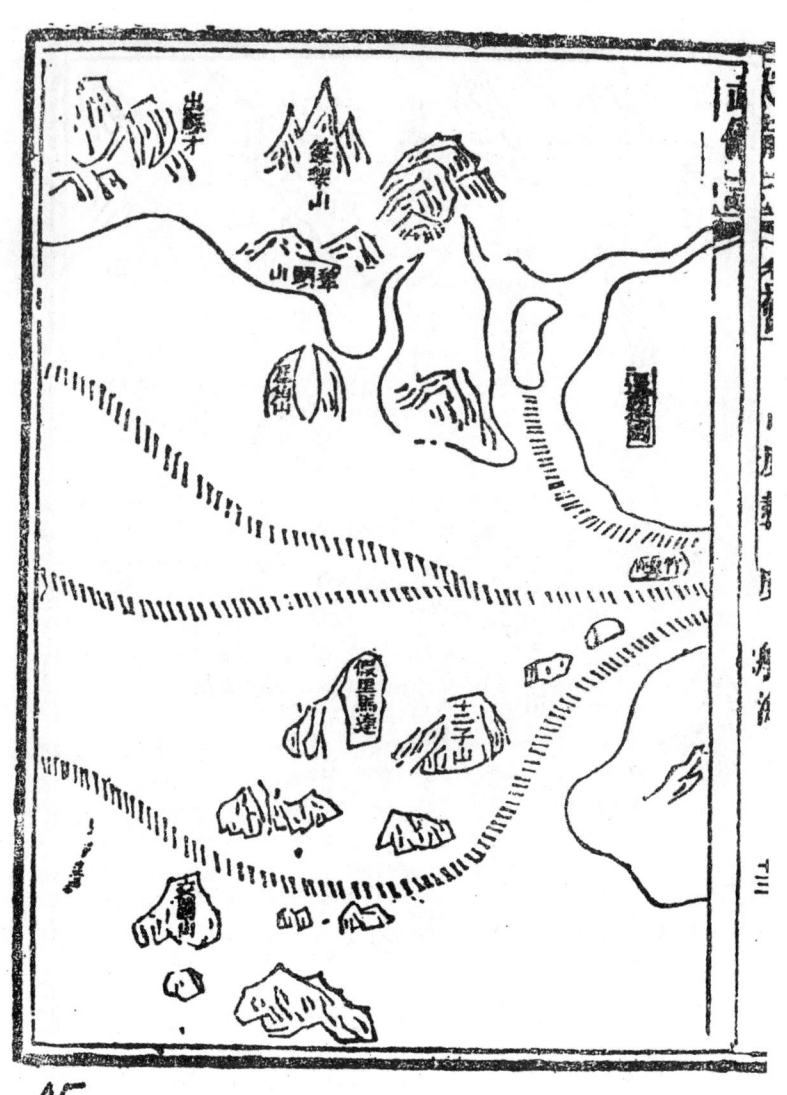

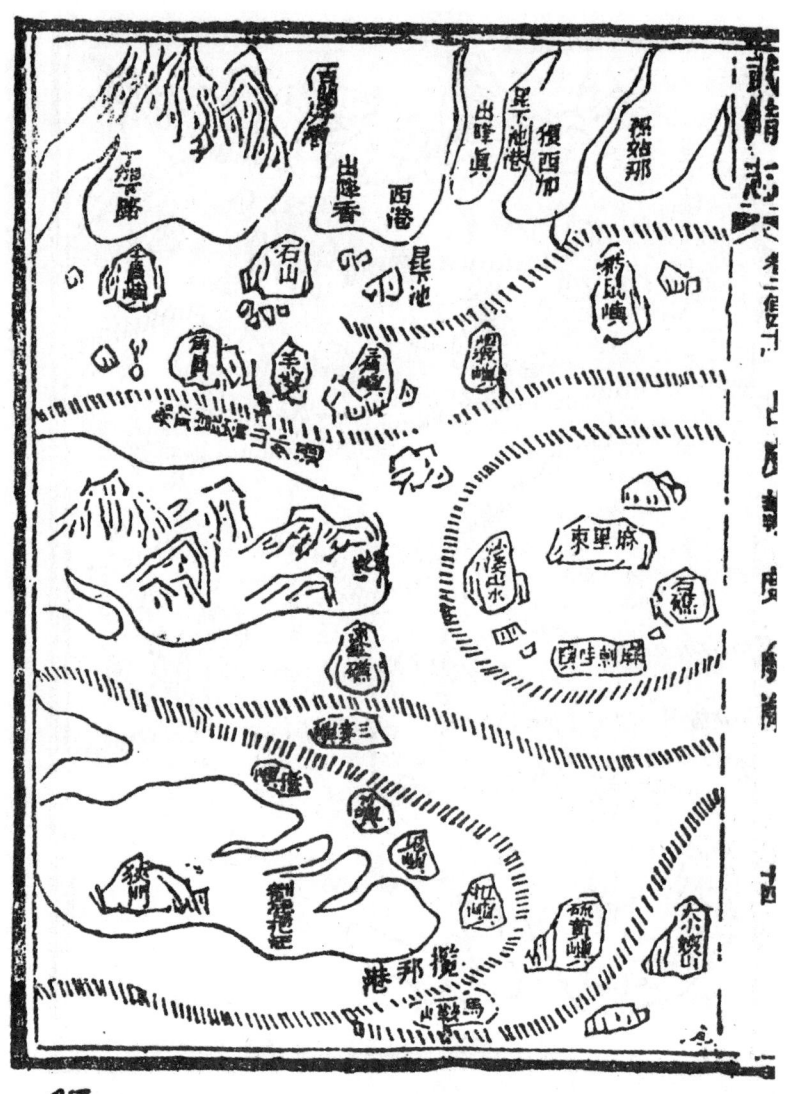

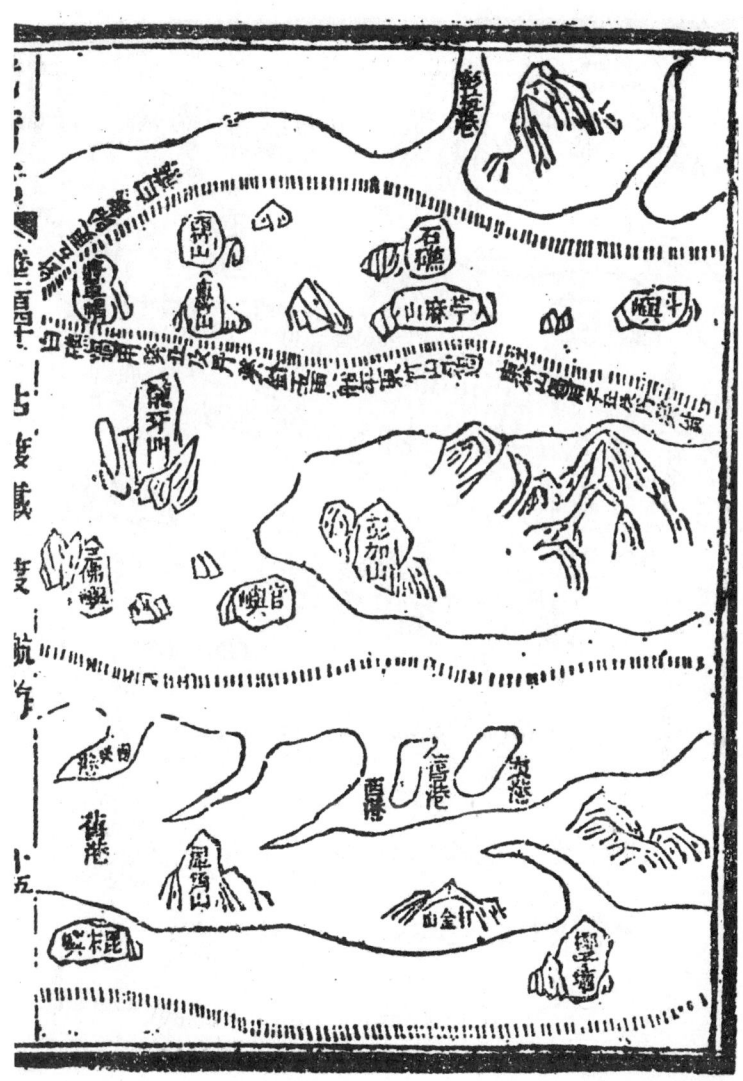

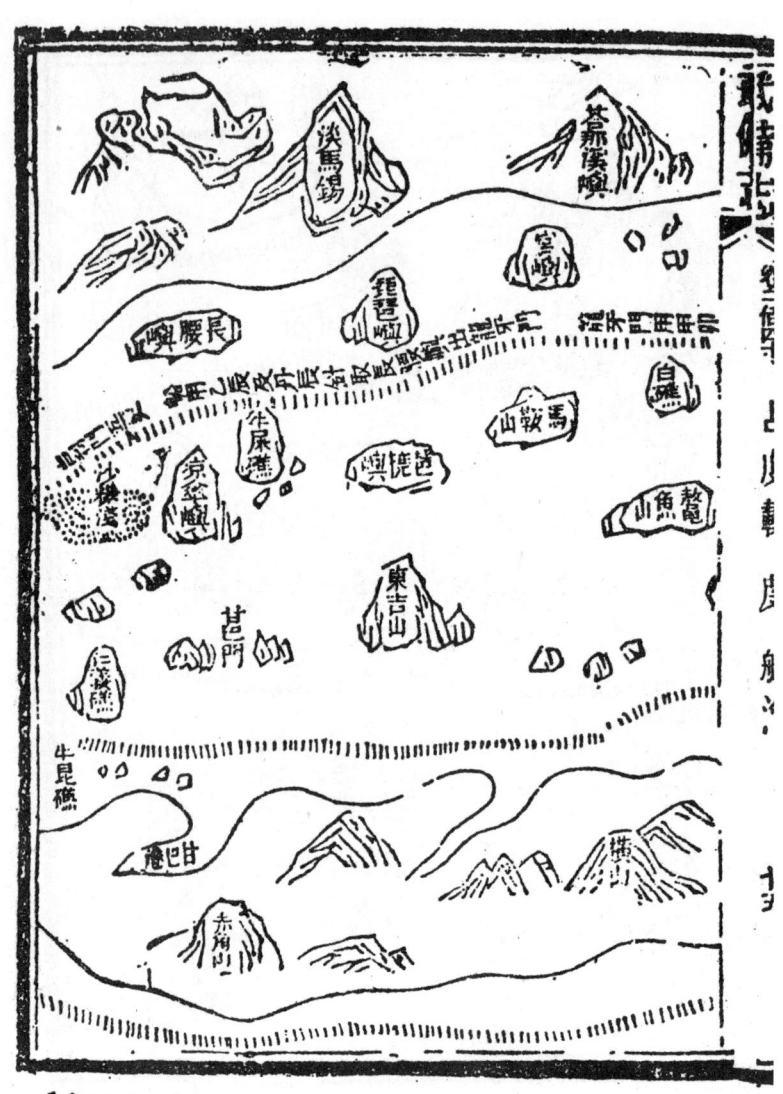

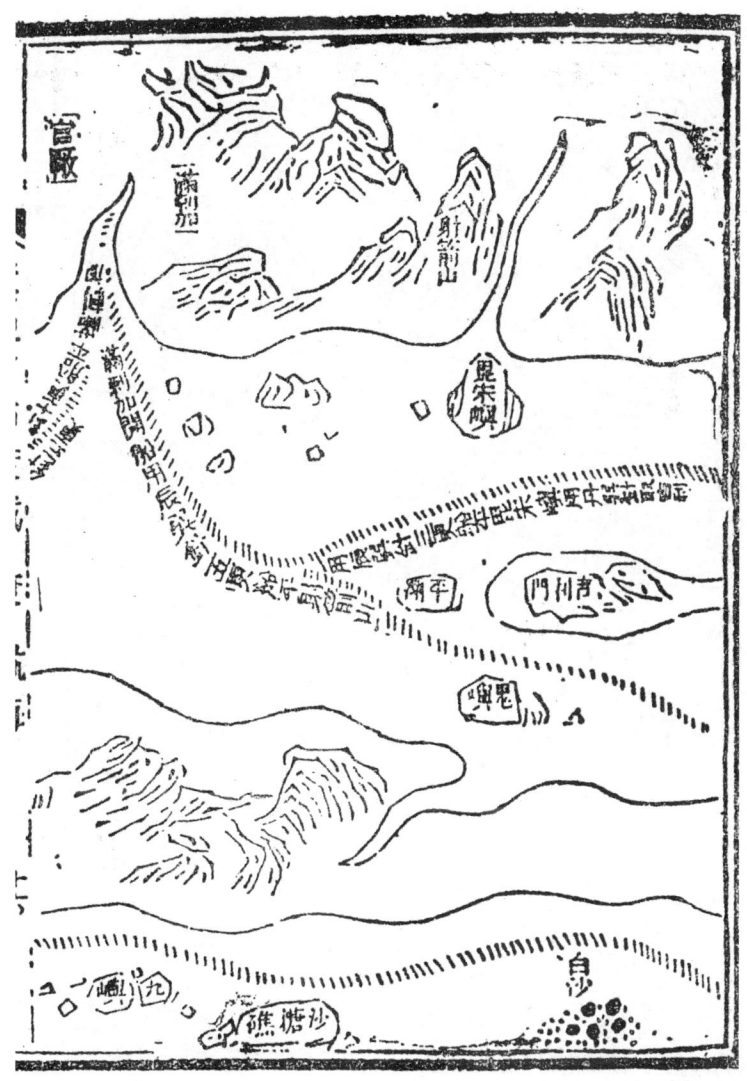

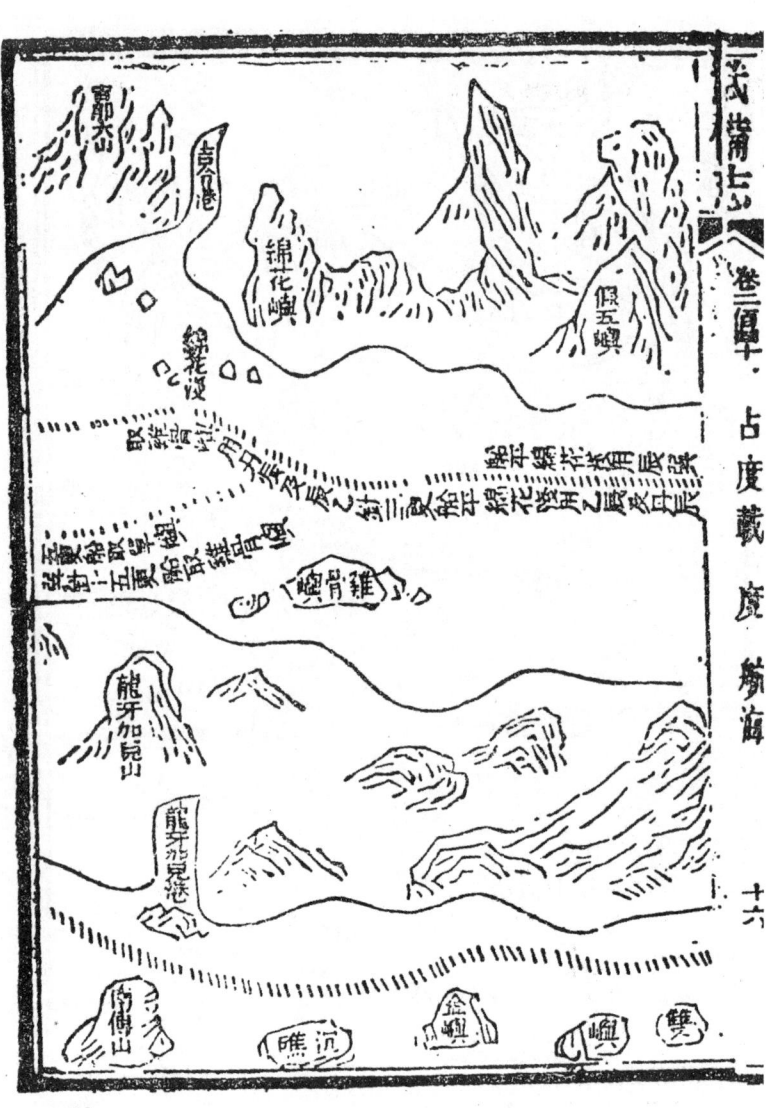

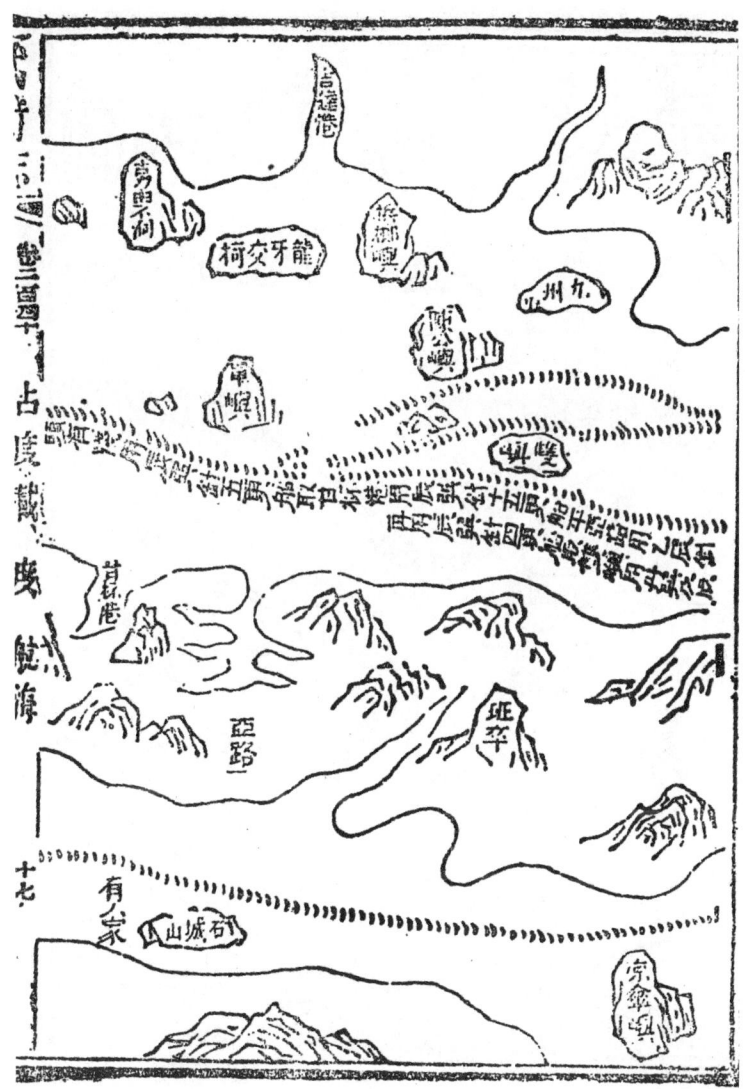

附录四：郑和航海图

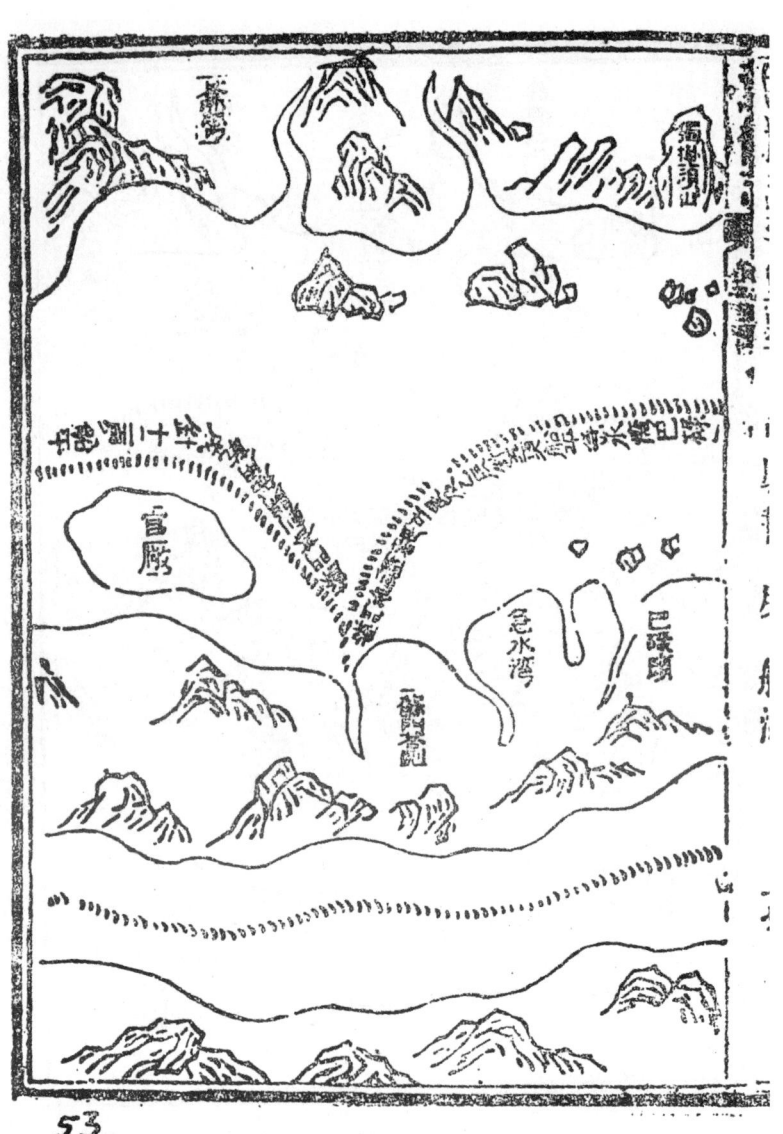

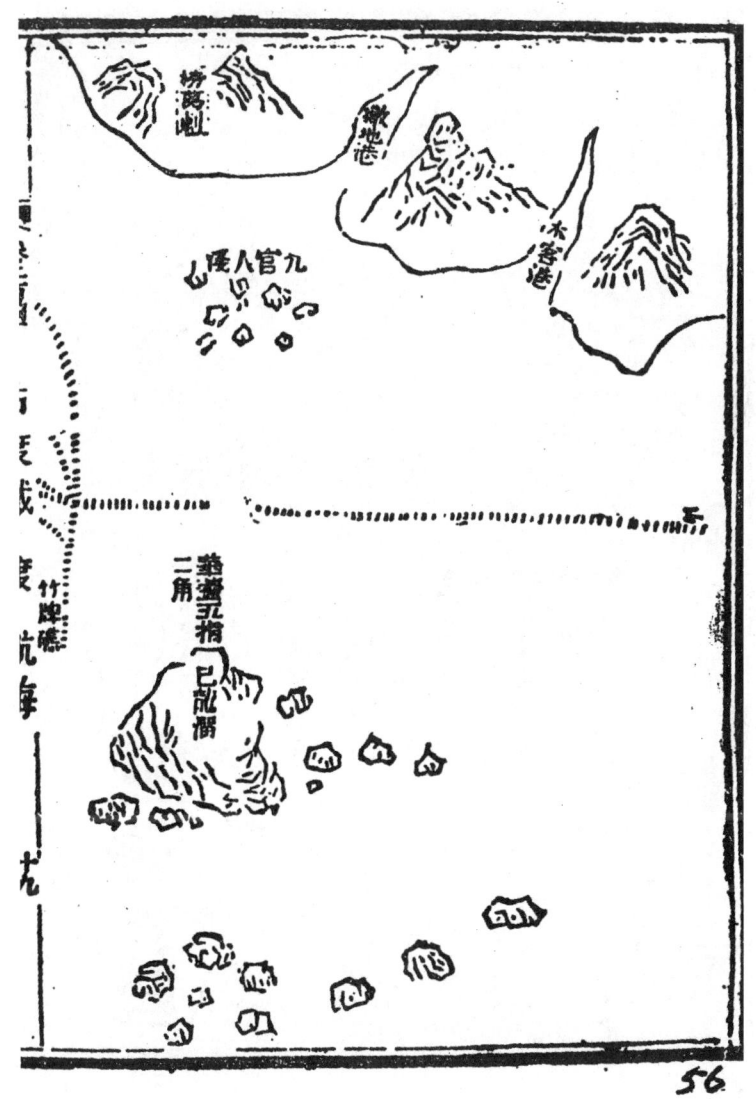

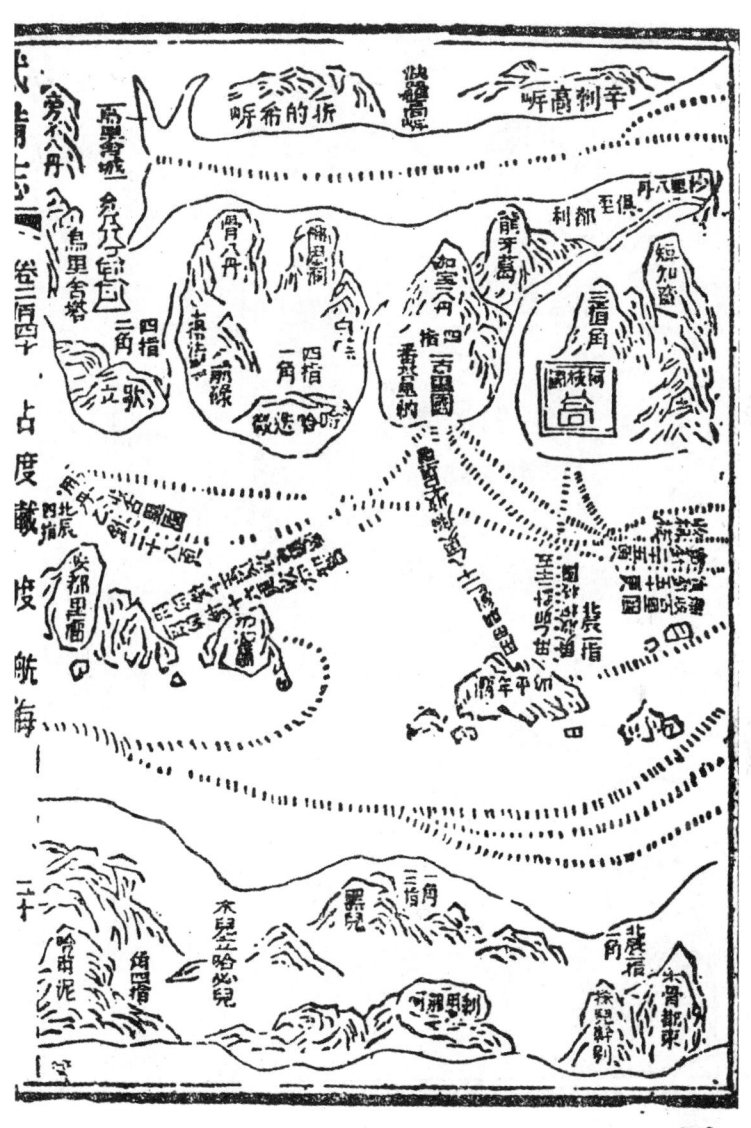

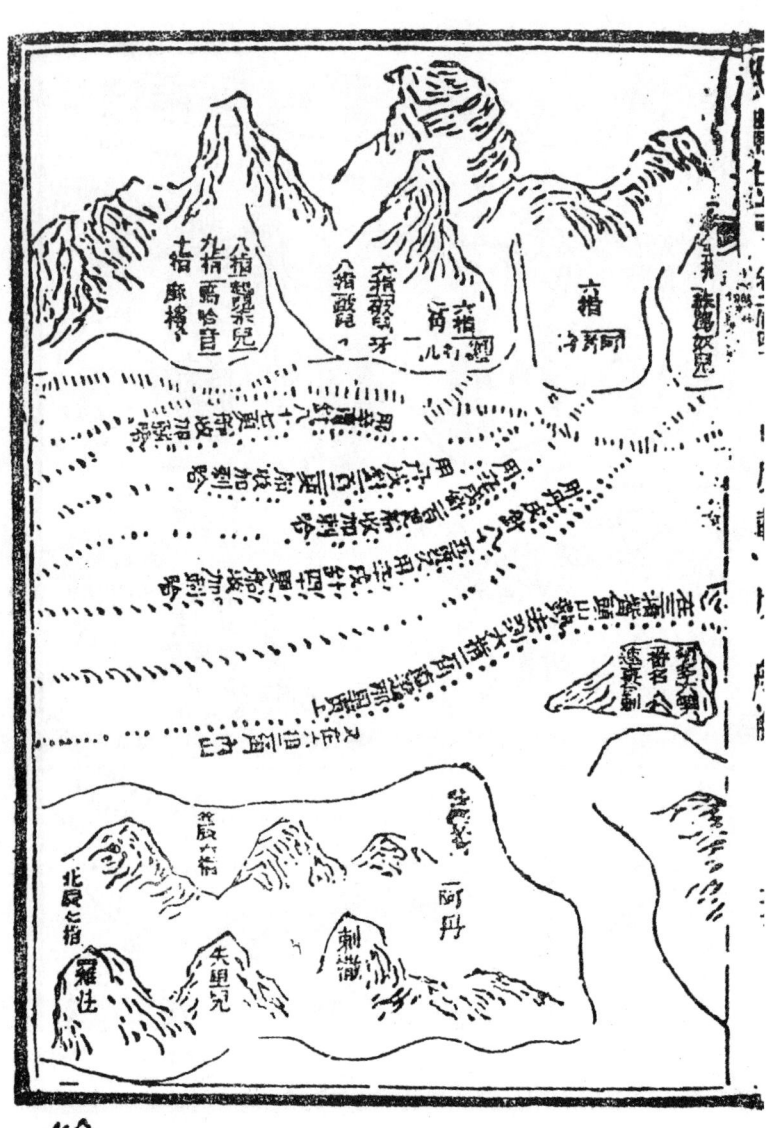

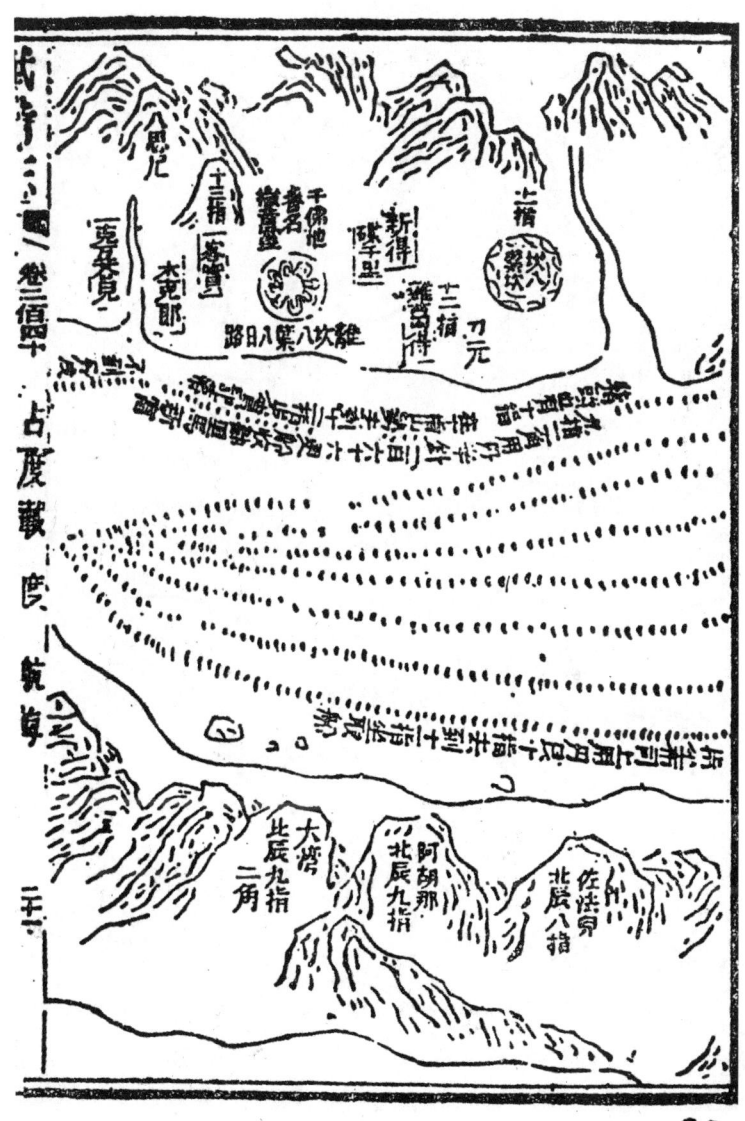

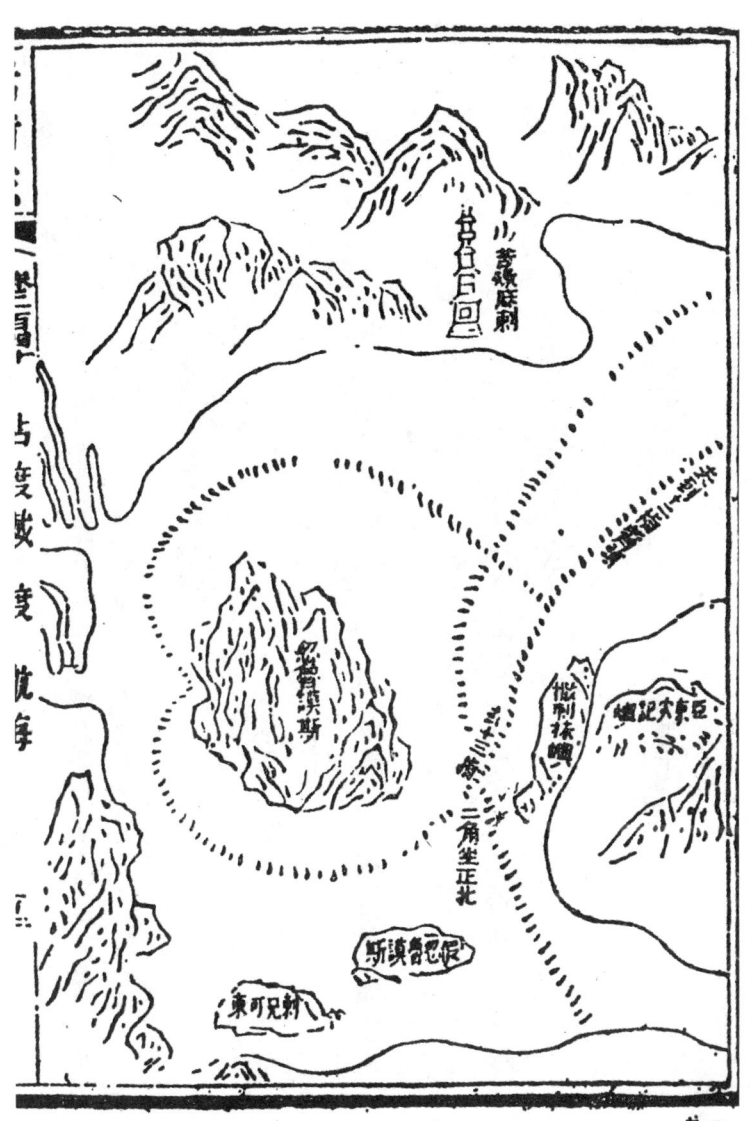

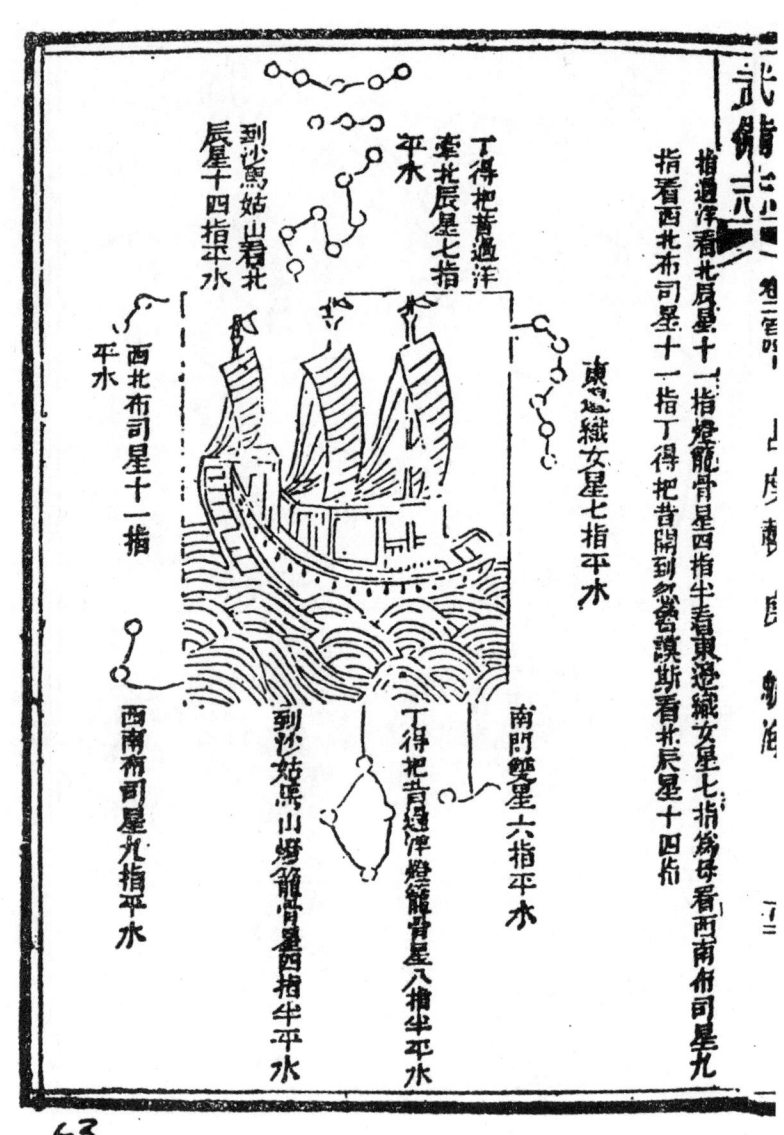

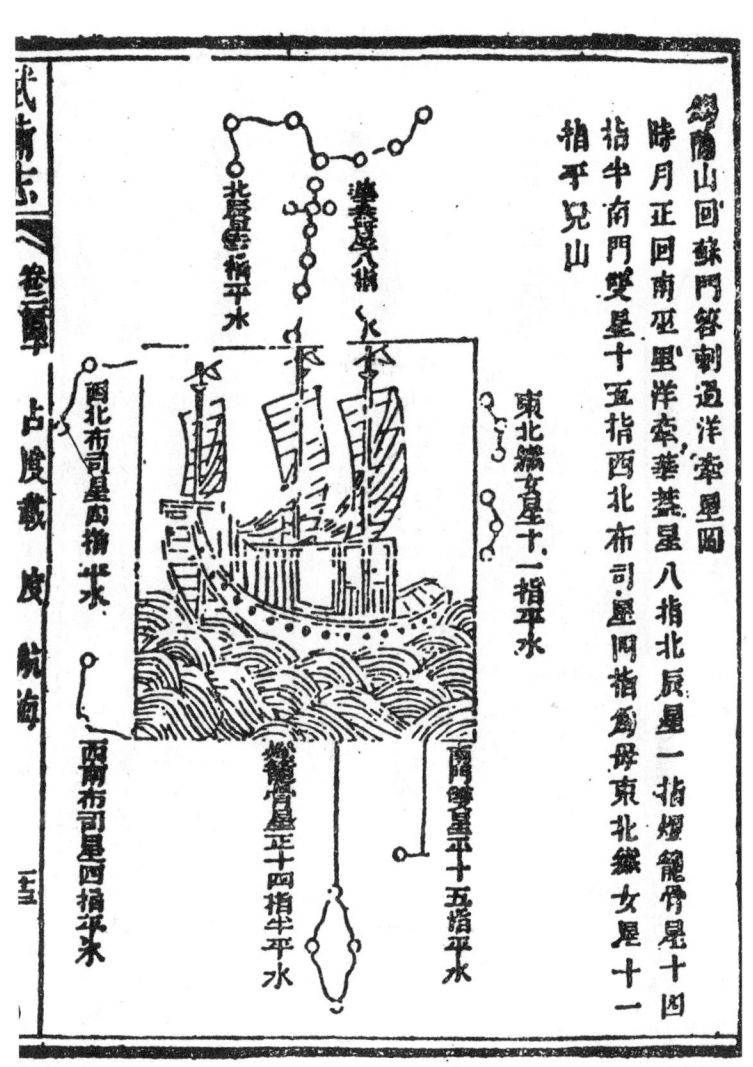

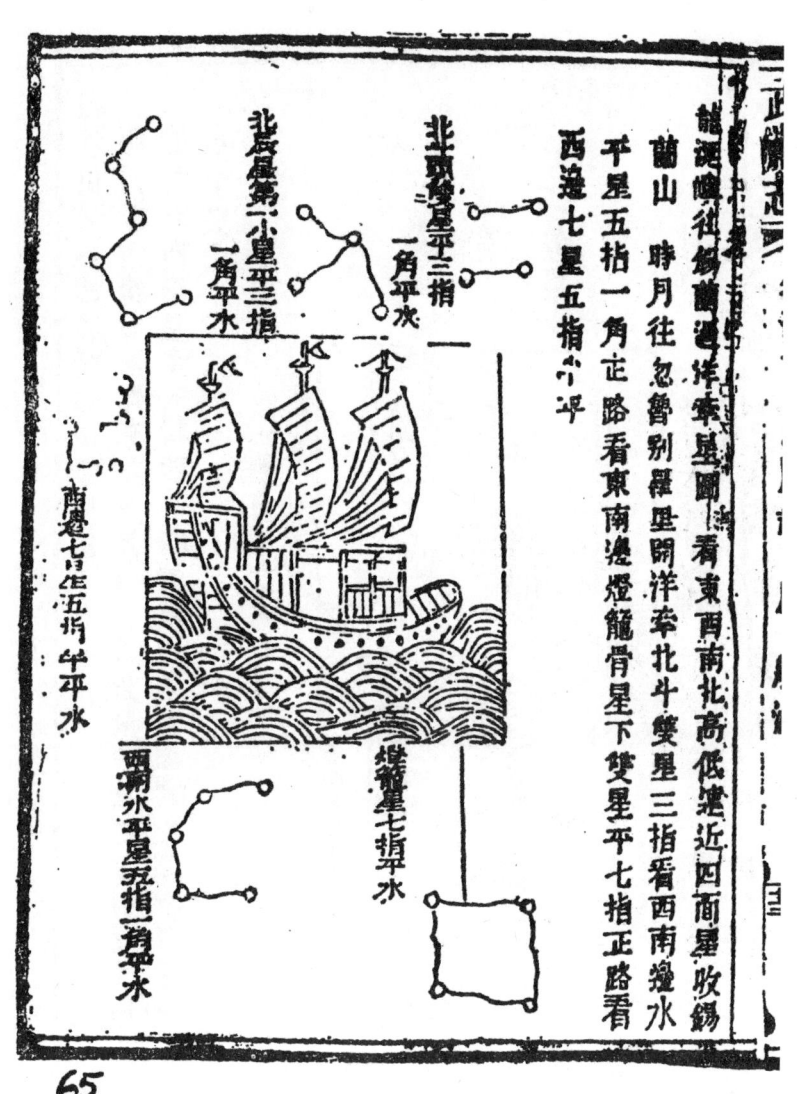

龍涎嶼徃錫蘭迴洋牽星圖

看東西南北高低遠近四面星収錫
蘭山 時月往忽魯別羅望星朗洋牽北斗雙星三指看西南邊
平星五拊一角正路看東南邊燈籠骨星下雙星平七指正路看
西北七星五指小平

北辰星第一小星平三指 一角平三指
北辰燈籠星平三指 一角平水

燈籠星七指平水

南邊七星低五指 半平水

西北水平星五指一摺水

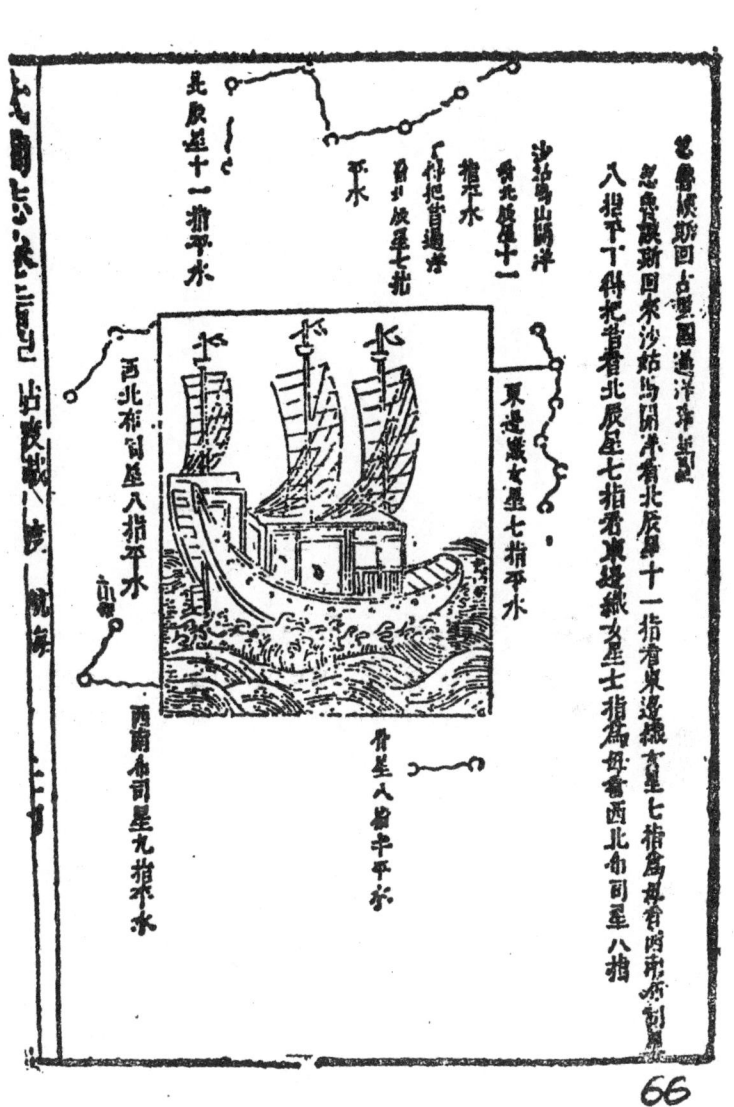

郑和航海图地名索引

郑和航海图地名索引说明

一　索引地名俱按照印刷体简体字的笔画和字典部首的顺序排列。

二　每一条地名都做一点简单的解说。原图间有误字，也在解说中加以校正。

三　每一条地名解说的后面附有小一号的数字，表示见于图中标出的第几页。

郑和航海图地名索引

二 画

丁加下路	丁加下路又作登牙侬、丁家庐、丁噶奴，今称丁加奴，在马来半岛东岸，即Trengganu对音。47。
丁得把昔	在古里（Calicut）至忽鲁谟斯（Hormuz）途中，今地无考。63，66。
十二子山	据图，十二子山在今加里曼丹西与假里马打（Karimata）之间，今地无考。45。
七洲	本图之七洲，他书又作七州、七州洋，因有七峰崛起海上，故名。在广东上、下川岛与海南岛之间。又西沙群岛亦名七洲洋，与此同名异地。俗云"上怕七洲，下怕昆仑"之七洲指后者而言。40。
卜剌哇	即Brawa对音，在今非洲东岸之索马里。57。
八开港	在真腊即柬埔寨港内，今地无考。44。
八思尼	在印度西海岸，今地无考。60。
八都马	八都马之名已见于元汪大渊之《岛夷志略》，即缅甸萨尔温江（R. Salween）入海处之Martaban。今称马打、马达班。54。
九山	九山今图作韮山，在浙江舟山群岛以南，象山港

	外。30。
九屿	据图，在苏门答腊岛西岸海上，今地无考。50。
九州	九州即九州山，在马来半岛西岸霹雳河口（R. Perak）。即Sembilan Islands。52。
九官人浅	在东巴基斯坦（Pakistan）之撒地港（Chittagong）外，今地无考。56。
刁元	据图，刁元在坎八叶城附近，或谓即今图印度西岸之第乌（Diu Is.）。60。

三　画

三母山	三母山在浙江沿海大陈山附近，疑即今图之三歧山。31。
三麦屿	在苏门答腊岛东南端彭加山（Banka）东南，为海舶往来于旧港（Palembang）与万丹（Bantan）间所必经之地，今地无考。47。
三佛屿	在新加坡南龙牙门（Lingga）附近，今地无考。48。
三角屿	据图，三角屿在马来半岛昆下池港与吉阑丹港（Kelantan）之间，今地无考。47。
三礁	三礁在福建闽江口，不见今图。36。
士员屿	据图，士员屿在丁加下路港外，今地无考。47。
大七	即今图之大戢山，在浙江舟山群岛北嵊泗列岛之西。28，29。
大士阑	据图，大士阑、小士阑在南海中昆仑山南，为一群小岛，今地无考。44。
大小六经	在浙江松门卫海上。32。

大小花面	花面国一作那姑儿（Nakur），即今Battak，在苏门答腊岛北端，其西为黎代（Litai）与南巫里（Lambri）。54。
大小姨山	据图，大小姨山当在巽他海峡（Sunda Strait）东北近爪哇处，今地无考。47。
大甘小甘	大甘、小甘二岛亦作大柑、小柑，在福建东山岛东面海上，即今图之兄弟岛。38，39。
大佛头山	据图上所记针路，大佛头山当在浙江檀头山西，昌国卫附近，不见今图。31。
大灵胡山	据图，大灵胡山在交趾境，与钦州隔北仑河相望今地无考。41。
大陈山	亦作大陈岛。在浙江台州湾外，一江山岛南。31。
大武山	应作太武山。此指厦门港口南镇海角之太武山。38。
大金	大金为珠江口外一小岛，与小金俱在铜鼓洲东。40。
大金门	大金门岛当在福建福宁湾内。35。
大金巡司	大金巡司为大金巡检司省称，后改大金千户所，明属福宁卫。在福建三沙湾东口。35。
大面山	大面山据图在浙江定海南之乱礁洋，不见今图。30。
大星尖	大星尖在广东惠阳平海海上。39，40。
大莫山	大莫、小莫据图应在今缅甸毛淡棉与仰光（Rangoon）之间，今地无考。55。
大奚山	据图，大奚山、小奚山俱在广东珠江口外鞋洲之北。39。
大唐山	大唐山疑为大磨山之误，参看下大磨山条。29。
大港	在今江苏镇江。25。
大湾	本图大湾有二。一为占城灵山角（C. Varella）附近之

	大湾、小湾。43。
大湾	本图之又一大湾在阿拉伯半岛之佐法儿（Djofar）港外，即今卡姆尔湾（Gulf of Kamar）。60。
大嵩千户所	大嵩千户所明属定海卫，在浙江象山港内。31。
大横	大横、小横二小岛俱在昆仑山附近，今地无考。44。
大磨山	据图，大磨山在浙江普陀南，不见今图。29。
万生石塘屿	万生石塘应作万里石塘，即今西沙群岛。40。
万年屿	据图，万年屿当在今加里曼丹，今地无考。44。
万州	万州在海南岛，今改万宁县。40。
上下川山	即上川岛、下川岛，属广东中山县，在澳门西海上。40。
上腊港	据图，当在占腊港东，今地无考。43。
小七	今图作小戢山，与大戢山俱在浙江嵊泗列岛西。29。
小士阑	参看上大士阑条。44。
小西洋	小西洋、大西洋二岛，俱在福建三沙湾外。35。
小昆仑	小昆仑在南海中昆仑山南。44。
小金	参看上大金条。40。
小莫山	参看上大莫山条。55。
小奚山	参看上大奚山条。39。
小葛兰	即今南印度西海岸之Quilon，Kulam，一作唄喃。57。
小湾	参看上大湾条，此在越南灵山角附近。43。
小横	参看上大横条。44。
小磨山	小磨山与大磨山当俱在浙江普陀南。30。
千佛池	据图，千佛池番名散昔灵，离坎八夷城（Cambay）八日路，今地无考。60。
广东	即指今广东省。40。

广海卫	广海卫在今广东，地属台山。40。
门肥赤	据图，门肥赤在非洲东岸卜剌哇（Brawa）与麻林地（Malindi）之间，今地无考。57。
已龙溜	据图，已龙溜在锡兰山东南，或谓即Chagos Archipelago。56。
马哈音	据图，马哈音在莽葛奴儿与坎八叶城之间，今地无考。59。
马船礁	据图，马船礁在缅甸萨尔温江（R. Salween）与伊洛瓦底江（R. Irrawaddy）二水入海处之间海上，今地无考。54。
马鞍山	本图马鞍山有三。此是暹罗港外赤坎附近之马鞍山，今地无考。46。
马鞍山	此是龙牙门内之马鞍山，或谓即新加坡南巴塔姆岛（Batam）东北之Tanjong Burong（乌岬），一作Tanjong Babi（猪岬）。今犹称为马鞍山。49。
马鞍山	此是巽他海峡内之马鞍山，今地无考。47。

四　画

天宁洲	据图，天宁洲在镇江金山附近。25。
天地	据图，天地为福州附近一山，今无可考。36。
木儿立哈必儿	据图，木儿立哈必儿在非洲东北部，位于木骨都束（Mogadisho）之北，今地无考。58。
木克郎	据图，木克郎在千叶池西，克瓦答儿附近，当即今伊朗（Iran）之Makran，一作Mekran、Mu krān。参看下九画客实条。60。

木骨都	即木骨都束，脱束字，参看下木骨都束条。57。
木骨都束	在今非洲东部之索马里，即Mogadishu对音。57，58。
木客港	据图，木客港在撒地港南，应即今孟加拉国东南之Maskhal。56。
木鲁旺	据图，在卜剌哇附近，今地无考。57。
五虎山	在闽江口，即五虎门。36。
五屑桥	南京五屑桥，今地无考。23。
太子洲	疑即今南京西北之梅子洲。23。
太仓卫	即今江苏太仓县。27。
太仓港口	在今江苏太仓，即指浏河口而言。27，28。
中和桥	在今南京光华门外，横跨秦淮河上。24。
中界山	据图，在今浙江瓯江口盘石卫海上，不见今图。32，33。
水西桥	南京水西桥，今地无考。23。
牛山	当即闽江口南之牛渚，不见今图。37。
牛渚	参看上牛山条。37。
牛角山	据图，牛角山在福建长乐南，不见今图。37。
牛昆礁	在苏门答腊岛Kampar港口北，今地无考。49。
牛屎礁	在新加坡南龙牙门北凉伞屿附近，今犹存此名。49。
长乐	福建长乐县在闽江口南岸，与北岸五虎门俱为古代海舶发舶之所。36。
长腰屿	据图，长腰屿在龙牙门北，今地无考。49。
仁义礁	据图，仁义礁在苏门答腊岛中部甘巴河口（R. Kampar）之北，今地无考。49。
爪哇国	即今印度尼西亚之爪哇（Java）。46。
丹徒	即今江苏镇江市。25。

乌丘山	乌丘山即今福建湄州岛东之乌丘屿。37，38。
乌里舍城	据图，宝船航线自撒地港（Chittagong）往西，沿恒河三角洲，抵达一湾，湾尽处为乌里舍城。由此折回，似绕一大半岛以至小葛兰，柯枝国、古里国等处。核以今图，此处之甘巴里头必为印度最南端之科摩林角（C. Comorin）。而湾尽头处乌里舍城之乌里舍，亦只能为印度东岸之Orissa对音，乌里舍城即指Cuttack。乌里舍城之今地既已解决，印度以至伊朗之若干地名，亦大致可以比定。航海图对于印度半岛之描绘，颇能表达其大致形势。58。
乌里舍塔	乌里舍塔在乌里舍城南，当即今Kanarak，一名黑塔（Black Pagoda）。58。
乌猪门	乌猪门一作乌猪山，在广东中山县属之上川岛东。古代海舶至此，必具祭祀迎神送神。40。
凤凰山	凤凰山在浙江温州湾外。33。
六平山	在福建长乐县东北。36。
方山	在南京南江宁县附近。24。
斗屿	据图，斗屿在丁加下路（丁加奴）与彭杭（Pahang 今作彭亨）之间，或谓即Pulau Tenggol。48。
巴碌头	据图，巴碌头在亚路（Aru）北，苏门答腊（Samudra）南，或谓即Perlak。53。
升罗屿	升罗屿，日本藤田元春谓即定海南面之长屿。29，30。
双屿	本图双屿有二。此是苏门答腊岛西面海上之双屿，今地无考。51。
双屿	此是马六甲海峡北九州岛山附近之双屿，即今图之兄弟岛（The Brothers）。52。

双屿门	双屿门在浙江宁波湾霩衢所崎头港外。50。

五　画

打金山	据图,打金山在旧港(Palembang)西,今地无考。48。
打歪	打歪即缅甸南部之Tavoy。54。
打歪山	今Tavoy港外有二小岛,当即本图之打歪山、打歪屿。54。
打歪屿	参看上条。54。
甘巴门	甘巴门在今苏门答腊岛Kampar河口外。49。
甘巴里头	甘巴里头当即今印度南端之科摩林角(C. Comorin)。52。
甘巴港	甘巴港即Kampar河口。49。
甘杯港	据图,甘杯港在亚路北,巴碌头南,今地无考。49。
古力由不洞	古力由不洞或谓即Butang Islands,古力由为kulao之对音,占城语岛也。52。
古山	今作鼓山,在福州东三十里。37。
古里牙	据图,古里牙在阿拉伯南岸佐法儿附近,当即大湾北之Kuria Muria。61。
古里国	即今西印度之Calicut,又作西洋古里。58。
石山	据图,石山在吉阑丹港口。47。
石头港	据图,石头港在江阴县石牌湾东,不见今图。26。
石灰山	石灰山在南京北,即幕府山别名。24。
石帆	据图,石帆当在金乡卫海上,不见今图。34。
石城山	据图,石城山在苏门答腊亚路西面海上,今地无考。

	52。
石城桥	在南京城西汉西门外。23。
石星石塘	石星石塘当即今东沙群岛,他书又作南澳气。40。
石牌蛟	石牌蛟当即石牌礁,在外罗山南,今地无考。41。
石牌湾	据图,石牌湾在江苏江阴县东,不见今图。26。
石塘	本图石塘有二。此是浙江温岭县隘顽湾口东海上小岛。32。
石塘	此是万里石塘之石塘,当指今西沙群岛而言。40。
石礁	本图石礁有二。此在彭坑港口,今地无考。48。
石礁	据图,此在麻里东岛(Billiton Is.)东,今地无考。47。
龙王庙	据图,在江苏江阴石头港与太仓蔡港之间,今地无考。27。
龙牙门	龙牙门即今新加坡南之Lingga Islands,今译林加群岛,山门相对,若龙牙状,故名。为古代海舶出入马六甲海峡要道。48,49。
龙牙加儿山	龙牙加儿山、龙牙加儿港,儿字俱应作兒,即貌字。据图,在苏门答腊岛班卒以南,今地无考。51。
龙牙交椅	据图,龙牙交椅在马来半岛西吉达港外龙牙菩提亦即指此,即今Langkawi。52。
龙牙葛	据图,龙牙葛在加宁八丹南,为今印度东岸Kaling-apatam南一城,今地无考。58。
龙江关	即今南京下关。23。
龙涎屿	龙涎屿在苏门答腊岛西北隅今亚齐海上,既Bras Is.。54,55,65。
龙潭	龙潭在南京东六十里。24。
平阳卫	即今浙江平阳。33。

平洲	据图,平洲在满剌加(Malacca,今作马六甲)港外吉利门(Kerimun Is.)北,或谓即今兄弟岛(The Brothers)。50。
平海卫	今作平海,在福建兴化湾南。37。
平湖屿	平湖屿在今厦门港外,不见今图。38。
东门山	东门山即东门岛,在浙江昌国海上檀头山西。31。
东门所	东门所之名不见于明中叶以后图籍,《筹海图编》卷三浙江松门卫楚门所所属烽堠中有东门之名。31。
东吉山	据图,东吉山在龙牙门北,今地无考。49。
东西岳山	据图,东、西岳山与东、西崎山当是一地,唯崎、岳二字不知孰是。31。
东西崎山	据图,东、西崎山在浙江大陈山北二更,不见今图。31。
东西厨	据图,东、西厨二岛在乱礁洋,不见今图。30。
东西鞋山	据图,东鞋山、西鞋山二洲在江苏江阴县之长江中,不见今图。26。
东屿	据图,东屿在定海南乱礁洋中,不见今图。30。
东竹山	参看上六画西竹山条。48。
东沙	东沙,今图作东沙山、东沙岛,在闽江口外白犬列岛东南。36,37。
东姜山	据图,东姜山在珠江口外鞋洲之南,不见今图。39。
东洛山	据图,东洛山在温州港外,南屺之北,不见今图。33。
东涌山	东涌山即今图之东引岛,在福建闽江口外马祖岛东北海上。35,36。
东桑	参看上六画西桑条。34。
东蛇笼	据图,东蛇笼在加里曼丹附近,今地无考。44。

东董	参看上六画西董条。43。
东港	据图,东港在旧港之东,对西港而言。48。
东墙	据图,东墙在福建南日岛北,不见今图。37。
东霍山	据图,东霍山在浙江普陀附近,一作北乌坵。29。
北平头山	据图,北平头山在印度洋中翠兰屿(Nicobar Islands)与安得蛮山(Andaman Islands)之间。55。
北尖	据图,北尖在上、下川附近,不见今图。40。
北交	北交,今图作北茭,在福建罗源湾口。35。
北逻	据图,北逻当在答那思里(Tenasserim)与打歪(Tavoy)之间,今地无考。54。
占城国	今越南南部,古为占城国。42。
占浦山	据图,在占腊港东昆仑山附近,今地无考。44。
占贡港	今地无考。44。
占腊国	占腊国即真腊国,即今柬埔寨。44。
占腊港	占腊港即真腊港,疑即今 Kampot。44。
旧港	旧港在南苏门答腊,今名巴邻旁,又作巨港、巴淋旁,即 Palembang。48。
失里儿	据图,失里儿在阿拉伯半岛东岸,剌撒之北,今地无考。59。
乍浦	在今浙江平湖南。28。
仪真	即今江苏仪征,在长江北岸,扬州西南。25。
白土	据图,白土在苏门答腊岛西北,南巫里之西,今地无考。54。
白沙	据图,白沙在苏门答腊岛西,今地无考。50。
白沙湾	据图,白沙湾在占城港口之北,今地无考。42。
白茅港	一作白茅口,属今江苏常熟市。27。

白礁	本图白礁有三。此是南海昆仑山附近之白礁。44。
白礁	此为古里港外之白礁，亦见顺风相送书内。58。
白礁	此是新加坡海峡中之白礁，亦作白石口，即Pedra Branca。48，49。
瓜州	在扬州南，正当运河入长江处。25。
外平	当即南澳彭山，一作坪山，又作南澎列岛。39。
外罗山	在海南岛南，为去交趾与"西洋"必经之地。即今图之Kulao Rays。41，42。
礼金务	据图，礼金务在锡兰岛西，高郎务（科伦坡）之北，即今图之Negambo，一译内岗坡。57。
永宁卫	即今福建永宁，在泉州港口祥芝角南。38。
尼山	据图，尼山在小七附近，不见今图。29。
奶门	南海昆仑山南一小岛，今地无考。44。
加平年溜	为溜山国八溜之一。28。
加禾千户所	加禾即嘉禾，为厦门古称。元代于此置嘉禾千户所，明改中左所。38。
加宁八丹	加宁八丹当即今印度马打拉斯邦（Madras）北端之Kalingapatam。28。
加加溜	为溜山国（Maldive Islands）八溜之一，在南印度西南。58。
加剌哈	据图，在忽鲁谟斯附近，即今图卡拉特（Kalhat），马可波罗书作哈剌图（Calatu）。59。
台山	据图，台山在四霜岛北，洋面即称台山洋。34。
台州卫	即今浙江临海。31。

六　画

吉令港	即马来半岛西岸之 Klang River，亦称吧生港（Port Swettenham）。51。
吉达港	即马来半岛西部之 Kedah 河口，今称吉礁。52。
吉那大山	据图，吉那大山在吉令港北，今地无考。51。
吉利门	在满剌加港南，即 Kerimun Islands。49，50。
吉利闷	即爪哇三宝垄（Samarang）海上之 KarimonDjava。46。
吉阑丹港	即马来半岛东岸之 Kelantan。47。
亚束灾记屿	据图，亚束灾记屿在自忽鲁谟斯渡过忽鲁谟斯海峡之阿拉伯半岛阿曼地方（Oman），由此往东至马实吉（Maskat），遂转而向南。今地无考。62。
亚路	一作哑鲁、阿鲁，当在今北苏门答腊南端巴鲁蒙河（Burumon R.）河口，口外尚有亚路群岛（Aru Is.）。亚路即 Aru 对音。52。
芝兰	据图，芝兰在印度东海岸乌里舍城（Cuttack）之南，当即今 Chilambaram。57。
西竹山	西竹山、东竹山在新加坡南龙牙门附近，即 Pulau Aur，Aur 马来文义为竹。48。
西后门	据图，西后门在列港之南，不见今图。29。
西桑	西桑、东桑而外，尚有南桑、北桑，即今图之四霜岛，在福建福宁湾南，遥对间峡。34。
西董	西董、东董在灵山（C. Varella）南，距柬埔寨港一日程。至加里曼丹、爪哇，由此分途。43。

西港	本图西港有二。此在吉阑丹港之北。47。
西港	此在旧港之西，对东港而言。48。
西礁	据图，西礁在南圯附近，不见今图。33。
百必港	据图，百必港在旧港之北，疑百必当作占必，即詹卑，今作占碑，即 Djambi。48。
列港	据图，列港在杭州湾外玉盘洋滩浒山南，不见今图。29。
同山千户所	同山即铜山岛，今图作东山岛，明代于此置千户所防倭。39。
竹屿	本图竹屿有三。此在南海昆仑山附近。44。
竹屿	此在苏门答腊岛南端都鲁把旺港外，今地无考。47。
竹屿	此在暹罗港口。45。
竹里木	据图，竹里木在占腊港口。藤丰田八以为即《东西洋考》之篱木城，为华侨聚居之所，亦即 Phnompenh，一作 Chidormuc。44。
竹牌礁	此在锡兰山东南之佛堂（Dondra Head）附近。56。
竹牌礁	据图，竹牌礁有二。此在打歪港外。54。
任不知溜	为溜山国八溜之一，又作壬不知溜、人不知溜。57。
众不浅	据图，众不浅在马来半岛东岸孙姑那附近，大约为沿海一带海滩，今地无考。46。
杂葛得	据图，杂葛得在坎八叶城北新得附近，今地无考。60。
壮士千户所	壮士千户所明属浙江金乡卫，当在今浙江平阳县属浦门镇北。不见今图。34。
交趾洋	今海南岛南北部湾一带，古俱称交趾洋。41。
交阑山	据图，交阑山在假里马达（Karimata Is.）与吉利闷（Karimon Djava）之间，核以今图，应在假里马达

	东南吉利闷西北，即今加里曼丹西南 Cape Sambar 海上之 Gelam Is.。45。
羊屿	据图，羊屿在吉阑丹港外，今地无考。47。
羊琪山	据图，羊琪山在檀头山南，大陈山北，不见今图。31。
江阴县	即今江苏江阴县。26。
汤山	据图，汤山在小七（小戢山）附近，不见今图。29。
兴化府	福建兴化府治，今改莆田县。37。
安都里溜	为溜山国八溜之一。58。
安得蛮山	即 Andaman Islnds，在孟加拉国湾内，翠兰屿北。55。
许山	应作浒山，在浙江定海西北玉盘洋中，与滩山相近，故又作滩浒山。29。
那里寅上	今地无考。59。
孙姑那	孙姑那又作宋卡、宋脚，在马来半岛东岸，即 Songkla，Sengora 对音，地属泰国。47。
观音山	观音山在南京城北观音门附近。24。
观音门	观音门在南京城北燕子矶附近，为南京外城城门之一。24。
观海卫	据图，观海卫在灵山卫附近，即今浙江余姚观海卫。29。
买列补	据图，买列补在芝兰之北，疑即印度东海岸之 Mahabalipur。57。

七　画

赤土山	据图，赤土山在落坑，即今缅甸之仰光（Rangoon）以西或以北，今地无考。55。

赤坎	本图赤坎有二。此是占城西之赤坎。今地无考。43，44。
赤坎	此是暹罗西之赤坎，今地无考。46。
赤角山	据图，赤角山在苏门答腊岛，距甘巴港不远，今地无考。49。
折的希岸	据图，折的希岸当在恒河三角洲上，由此转南即至乌里舍城。今地无考。58。
孝顺洋	孝顺洋在浙江象山港外。30。
坎八叶城	即今印度西岸之 Cambay 城。60。
芙蓉山	芙蓉山在福建东引岛西间峡附近海上。34，35。
芥菜礁	据图，芥菜礁在芙蓉山南，不见今图。35。
苎麻山	苎麻山又作地盘山、苎盘山、地盆山，俱系 Tiuman Is. 对音，在马来半岛东岸彭亨港外。48。
克瓦答儿	据图，克瓦答儿与木克郎呲连，木克郎为伊朗所属之 Makran，则克瓦答儿必为位于巴基斯坦西部与伊郎呲连之 Gwadar，在对音上亦至为相近。60，61。
克迭迷	据图，克迭迷在缅甸八都马（Martaban）北，今地无考。54。
苏门答剌	苏门答剌国即 Samudra，在今苏门答腊岛西北端之 Pasè 河畔，此亦为郑和下西洋根据地之一，港外建有官厂，与满剌加同。53，64。
孛渡	孛渡岛当在浙江霩𫗧所外双屿之南，不见今图。30。
连江卫	即今福建闽江口北之连江县。35。
吴淞江	即今上海之吴淞江。27，28。
别罗里	据图，别罗里在锡兰山西南，亦为宝船所及之地，即今图之 Belligamme。57，65。
牡安千户所	据图，牡安千户所当在台州卫附近，而台州卫所属

	诸千户所并无牡安一所,疑图有误。31。
乱礁洋	乱礁洋在浙江象山港外,今图亦作磨盘洋。30。
佐法儿	在阿拉伯半岛南岸之哈得拉毛(Hadramaut)地方,临卡姆尔湾(图作大湾),为中古时代一重要贸易港,即 Dhofar、Djofar、Zufar、Zafar 对音。60。
佛山	此为另一佛山,据图在赤坎附近,今地无考。46。
佛山	据图,佛山在占城港口,今地无考。44。
佛思洞	据图,佛思洞为印度东岸一地,当在乌里舍城(Cuttack)之南,今地无考。58。
佛堂	据图,锡兰山南北俱有佛堂。北面者指亭可马利(Trincomalee),南面者当指 Dondra Head。57。
佛堂门	据图,佛堂门为广东海上一岛,在南澳与伶仃山之间。亦见海国闻见录图,在今大亚湾与大鹏湾之间,不见今图。39。
龟头山	据图,龟头山在缅甸落坑(Rangoon)附近,今地无考。55。
龟屿	本图龟屿有三。此在福建海上东引岛南,不见今图。35。
龟屿	此在苏门答腊岛南端与三麦屿之间,今地无考。47。
龟屿	此在阿拉伯半岛东北部麻实吉(Maskat)附近,今地无考。61。
角员	据图,角员为吉阑丹港外一小岛,今地无考。47。
角圆山	据图,角圆山在暹罗港东,今地无考。44。
辛剌高岸	据图,辛剌高岸当亦在印度恒河三角洲上,今地无考。58。
沙吴皮	据图,沙吴皮为一小岛,与东蛇笼同在加里曼丹附

	近，今地无考。44。
沙里八丹	据图，沙里八丹在加宁八丹与芝兰之间，即在印度东岸 Kalingapatam 与 Chilambaram 之间。藤田丰八以为沙里八丹是 Negapatam，反在 Chilambaram 之南，恐有不合。沙里八丹似仍以 Masulipatam 为近是。58。
沙姑马山	又作沙马姑山，与此当是一地。亦见顺风相送，在古里至忽鲁谟斯途中，今地无考。63，66。
沙剌溜	沙剌溜为溜山国八溜之一，或谓即马耳代夫群岛中之 Suadiva 岛。57。
沙糖浅	据图，沙糖浅在马六甲海峡内凉伞屿（Pulau Labon，Little Ganymede）北，或谓即为树岛（Pulau Angup，Tree Island）北之暗礁。49。
沙糖礁	据图，沙糖礁在苏门答腊岛西面海上，今地无考。50。
沉礁	据图，沉礁在苏门答腊岛西面海上，今地无考。51。
灵山	灵山一作灵山大佛，即位于今越南富安河绥和、白蓬间之华列拉岬（C. Varella）。43。
灵山卫	据图，灵山卫在海宁卫与定海卫之间。即临山卫，在杭州湾南，今属余姚。29。
灵山桥	灵山桥在南京，今地无考。24。
阿丹	阿丹今作亚丁，即 Aden 对音，正当红海南口。59。
阿者刁	据图，阿者刁在印度西海岸莽葛奴儿（Mangalore）之北。今地无考。59。
阿胡那	据图，阿胡那在阿拉伯半岛东岸大湾（即今卡姆尔湾）南佐法儿北，今地无考。60。
陈公屿	据图，陈公屿在马六甲海峡内槟榔屿（Penang）与

	九州岛山（Sembilan Is.）之间，或谓即今 Pulau Jarak。52。
鸡骨屿	据图，鸡骨屿在双屿（The Brothers）东南十五更，今地无考。51。
鸡笼山	据图，鸡笼山在灵山（Cape Varella）北，今地无考。43。

八　画

青屿	本图青屿有二。此在小七（即今图浙江小戢山）南，不见今图。29。
青屿	此在占城港外茭杯屿北，今地无考。42。
青村所	据图，青村所当在江苏金山附近，不见今图。28。
抹尔干剔	据图，抹儿干剔在非洲东部木骨都束之北，今地无考。58。
担屿	据图，担屿在今巽他海峡东口，今地无考。47。
者即剌哈则剌	据图，者即剌哈则剌在非洲东岸卜剌哇之南，疑即今图之 Djogiri。57。
招宝山	招宝山在今浙江镇海。28。
苦思答儿	据图，苦思答儿在克瓦答儿、查实之西，忽鲁谟斯以东。今地无考。61。
苦碌麻剌	据图，苦碌麻剌在忽鲁谟斯以东，今地无考。62。
直谷	据图，直谷在松门卫海上石塘以西，不见今图。32。
松门卫	松门卫在今浙江温岭县东之松门。32。
矾山	据图，矾山在镇江以西长江中一洲，不见今图。25。
斩龙庙	据图，斩龙庙在长江北岸，仪征附近，今地无考。25。

虎斗	据图，虎斗在浙江松门卫海上石塘岛南，不见今图。32。
虎尾礁	据图，虎尾礁在苏门答腊岛北南巫里西面海上，今地无考。54。
虎礁	据图，虎礁在浙江金乡海上南屺（今图作南麂）岛南，不见今图。34。
昆下池港	据图，昆下池港在马来半岛东岸孙姑那（Songkla）与吉阑丹之间。47。
昆仑山	昆仑山古作军突弄山、军屯山、昆屯，即 Pulo Condore，在越南南端东面海上。中古时代海舶往来东西洋，此为必经之地，亦为最险之地。宋吴自牧《梦粱录》卷十二即"去怕七洲，回怕昆仑"之文。明代相传："上怕七洲，下怕昆仑；针迷舵失，人船莫存。"可以想见。44，46。
昌国卫	应与昌国千户所同在今昌国。31。
昌国所	据图，昌国所为普陀东东霍山、一作北乌垞附近一岛，不见今图。29。
昌国千户所	即今浙江昌国，在三门湾东，象山之南。30。
罗汉屿	据图，罗汉屿在灵山南，罗湾头北，今地无考。43。
罗法	据图，罗法当在阿拉伯半岛东岸佐法儿以西，今地无考。59。
罗湾头	在占城港，即今越南归仁港口，为古代海舶必经之地。43。
迭微	据图，迭微在阿拉伯半岛古里牙（Kuria Muria）之西，今地无考。61。
金山	即今江苏镇江金山。25。

金门千户所	金门千户所即今福建金门岛。38。
金乡卫	金乡卫即今浙江平阳之金乡。34。
金屿	本图金屿有二。此在苏门答腊岛西,今地无考。51。
金屿	此在翠兰屿(Nicobar Islands)与安得蛮山(Andaman Islands)之间。55。
金沙卫	金沙卫即今江苏金山之金山卫。28。
鱼山	即今图之渔山列岛,在浙江南日岛东南海上。31。
忽鲁谟斯	忽鲁谟斯,《元史》作忽里模子、忽鲁模思,即Hormuz、Ormuz对音,今属伊朗。位于阿曼湾(Gulf of Oman)与伊朗湾(Gulf of Iran,旧作波斯湾 Gulf of Persia)之间,忽鲁谟斯海峡以北,边海一城,为中古时代波斯湾头一重要海港。十三世纪城为外族侵略所毁,因迁至附近之Djeroun岛,仍名忽鲁谟斯,直至十七世纪犹为商船所集之处。郑和下西洋所纪及之忽鲁谟斯,乃为新忽鲁谟斯,故绘成一岛,符合历史事实。本图所纪宣德一次下西洋,亦以忽鲁谟斯为宝船远航终点。61,62,63,67。
夜丫山	据图,夜丫山在浙江温州港外,不见今图。33。
庙州门	庙州门即指浙江定海东南之庙州海峡而言。29。
净海寺	净海寺在南京旧仪凤门今兴中门外狮子山之阳,明仁宗朱高炽时(一四二五年)所建,以纪念下西洋者。23。
单屿	单屿、双屿俱在马来半岛西岸吉达港外,单屿即今Pulau Berhala,双屿即今The Brothers。51,52。
泠汀山	泠汀山即伶仃山,在广东珠江口。39。
波罗高岸	据图,波罗高岸在印度恒河三角洲沿岸,今地无考。

	58。
宝山	即今江苏长江口之宝山县。27。
宝船厂	宝船厂在今南京城西北之新河。23。
定海卫	今浙江定海。29。
定海卫	此为又一定海,在福建罗源湾北。35。
定海所	定海所在福建罗源湾南北茭、黄岐之南。35。
官厂	郑和下西洋,于满剌加、苏门答腊两处设立排栅,形如城垣,盖造仓廒库藏,以为据点。图上之官厂指此而言。本书五十页为满剌加官厂,五十三页为苏门答腊官厂,在港外一小岛上。50,53。
官屿	本图官屿有三。龙牙门东西各有一官屿,今地无考。48,49。
官屿	此为溜山国八溜之一,亦作官屿溜。即今 Maldive 群岛中之 Male 岛。57。
官富寨	官富寨明属广州府,置巡检司。39。
官塘山	官塘山在闽江口外,即今马祖列岛。36。

九 画

玳瑁山	据图,玳瑁山在交趾与占城之间,今地无考。41。
玳瑁屿	据图,玳瑁屿在马来半岛东岸孙姑那港外猫鼠屿东,今地无考。46。
玳瑁洲	据图,玳瑁洲在灵山(Cape Varella)南,东、西董附近,今地无考。43。
草屿	据图,草屿在福建南日岛东北,乌邱山北,不见今图。37。

茶山	据图，茶山在江苏南汇嘴外海上。明代自吴淞出海，茶山亦为一望山。清以后逐渐无闻。28。
南山寺	南山寺在福建长乐。明宣宗朱瞻基宣德五年（一四三〇）郑和于南山寺立有天妃灵应之记碑，至今犹存。36。
南己山	南己山应作南屺山，即今浙江金乡海上之南麂山。33，34。
南日山	南日山即今福建兴化湾外之南日岛。37。
南汇嘴	南汇嘴当指今江苏南汇县之扬子角而言。28。
南台桥	南台桥在福州，本名万寿桥，以跨南台江上，故俗名南台桥。36。
南巫里	南巫里（Lambri，Lamuri）国在苏门答腊岛北端之西，南巫里洋即指苏门答腊岛西北之一段洋面而言。64。
南巫星	图上之南巫星系南巫里之误。参看上条。54。
南海卫	南海卫即今广州。40。
南海黎母大山	南海黎母大山即今海南岛之五指山，一作黎母山。41。
南停山	南停山一作南亭门，明属广东东莞县。亦为古代一海舶发舶之所。41。
南船礁	据图，南船礁在浙江金乡卫海上，不见今图。34。
南傅山	据图，南傅山在苏门答腊岛西面海上，今地无考。51。
南粤山	南粤山当是南澳山之误，即南澳岛。39。
柯枝国	柯枝国即南印度西岸之Cochin，古代与古里（Calicut）、小葛兰（Quilon）同为印度对外贸易之三大重要海港。58。
查实	据图，查实在克瓦答儿以西，即今图之贾斯克角

	（C. Jask），属伊朗管，南临阿曼湾。由此沿岸北行，至忽鲁谟斯。61。
剌儿可束	据图，剌儿可束当是奥曼湾中一岛，今地无考。62。
剌思那呵	据图，剌思那呵在非洲东北部木骨都束之北，今地无考。58。
剌撒	据图，剌撒在佐法儿西，阿丹以东，颇疑其为 Ras Sharwein 对音。旧以波斯湾西岸之 El Hasā 当之，非是。59。
砥礁洋	砥字不见字书，盖为乱礁洋之误，针路作乱礁洋，可证。30。
毗宋屿	本图毗宋屿有二。此是满剌加附近之毗宋屿，即 Pulau Pisang，义为甘蕉屿。50。
毗宋屿	此为苏门答腊岛西面海上之毗宋屿，今地无考。48。
哈甫泥	哈甫泥与哈甫儿当即一地。据图，地当在从阿丹过海，绕非洲东北角处，疑即今图之哈丰角（C. Hafun）。过哈丰角沿非洲海岸西南行即至木骨都束等处。57，58。
哈哈迭微	据图，哈哈迭微在印度西海岸古里国之北，今地无考。58。
骨八丹	据图，骨八丹在印度东岸乌里舍城（Orissa）之南，疑即今 Visagapatam。58。
钦州	广东钦州今改钦县。41。
香山	此指江苏江阴县之香山。26。
香山所	广东中山县旧名香山县，明于此置香山所。40。
复城桥	此处之复城桥在南京城北金川门外，通江桥西。24。
皇城	图上之皇城在南京城东北，即今明故宫。24。

泉州卫	即今福建泉州市。38。
鬼屿	此为满剌加港南吉利门附近之鬼屿,今地无考。50。
鬼屿	据图,鬼屿在苏门答腊岛南端巽他海峡东口之北,今地无考。47。
须多大屿	参看上十一画速古答剌条。59。
俞山	当即今图之大瑜山,在福建福瑶湾口。34。
狭山	据图,狭山在浙江松门卫海上石塘岛南,不见今图。32。
狭门	据图,狭门在苏门答腊岛旧港之南,都鲁把旺之北,今地无考。47。
狮子山	狮子山在南京旧仪凤门今兴中门内,旧作卢龙山。23。
独挂头山	据图,独挂头山在马来半岛西岸吉达港北与答那思里之间,今地无考。53。
独猪山	独猪山又作独珠山、大洲山、大洲头、大洲套,在今海南岛万宁(旧万州)海上,与岛相距约半日程,为古代海舶航行望山。40,41。
急水湾	据图,急水湾在苏门答腊岛北部苏门答腊与巴碌头之间,今地无考。53。
将军帽	据图,将军帽在龙牙门附近东、西竹山之北,或谓即《岛夷志略》之鼎峙山,今犹名将军帽,即 Pulau Tinggi。48。
洪山	据图,洪山在福建三沙湾外海上,介于芙蓉山与芥菜礁之间,今地无考。35。
洋屿	据图,洋屿在占城港外,今地无考。42。
洋礁	据图,此在浙江金乡卫海上四霜岛北,洋上尚脱去一字,今地无考。34。

客实	据图，客实在新得之西，与木克郎甚近。二地即马可波罗行纪中之Kesmacoran。Kes与Macoran为二地，古代曾并为一。Kes即今图之Kachchi，一作Kach Gondava，在印度河西岸，今属巴基斯坦。60。
神电卫	明代之神电卫即在今广东之电白县。40。
屏风山	据图，屏风山在苏门答腊岛北端南巫里之南，今地无考。54。
钟山	今南京紫金山。24。

十　画

班卒	据图，班卒在亚路（Aru）之南，今地无考。52。
起来溜	起来溜为溜山国八溜之一。57。
起儿末儿	据图，起儿末儿在莽葛奴儿与坎八叶城之间，今地无考。59。
都里马新富	据图上针路所示，此地当在今伊朗境内，今地无考。60。
都鲁把旺	据图，都鲁把旺在苏门答腊岛南端，今南榜州（Lambongsche）境内，今地无考。47。
莽葛奴儿	据图，莽葛奴儿在古里国与坎八叶城之间，其地必为今之Mangalore，在古里北不远。59。
真屿	据图，真屿、假屿在占腊港外，即Pulo Obi。44。
速古答剌	速古答剌一名须多大屿。据图，在非洲东北角海中，即今图之索科特拉岛。59。
破儿牙	据图，破儿牙在莽葛奴儿与坎八叶城之间，今地无考。59。

钱山	据图，钱山在松门卫、盘石卫之间海上，当今隘顽湾外，不见今图。32。
笔架山	本图笔架山有二。此在福建三沙湾外，不见今图。35。
笔架山	此在暹罗港西，今地无考。45。
俱里都利	据图，俱里都利在印度东岸加宁八丹（Kalingapatam）与芝兰（Chilambaram）之间，今地无考。58。
射箭山	据图，射箭山在满剌加南，或谓即 Gunong Banang。50。
翁鞋山	翁鞋山在广东珠江口外，即今图之鞋洲。39。
狼西加	据图，狼西加在孙姑那与吉阑丹之间，或谓此应作狼牙西加，为 Langkasuka 对音，即为大泥地方。47。
高子港	高子港即今江苏高资，在镇江之西。25。
高州	广东高州，今为茂名县。40。
高郎务	图上高即务应作高郎务，即锡兰岛之科伦坡（Colombo）。自古以来即为一重要商港，至今不衰。57。
郭巨千户所	郭巨千户所即今浙江之霩𥕠所，在鄞县东崎头角南。30。
凉伞屿	本图凉伞屿有二。此在龙牙门内，即 Pulau Labon，今仍称凉伞屿。49。
凉伞屿	此在苏门答腊岛西面海上，今地无考。52。
凉伞礁	据图，凉伞礁在彭加岛（Banka）最南端，今地无考。47。
旁不八丹	据图，旁不八丹即在东印度乌里舍城附近，今地无考。58。
浦子口	浦子口即浦口，在今南京下关对面，长江西岸。24。
烟墩屿	据图，烟墩屿在昆下池港外，今地无考。47。

海门山	据图，海门山在暹罗至孙姑那途中，今地无考。46。
海门卫	海门卫在浙江灵江口之海门。31。
海宁卫	即今浙江海宁。29。
通江桥	通江桥在南京金川门外。24。

十一画

黄山	据图，黄山在浙江松门海上石塘岛南，不见今图。32。
黄礁山	据图，黄礁山在浙江大陈山南，不见今图。31。
黑儿	据图，黑儿在非洲东北哈甫泥南，今地无考。58。
梅花千户所	梅花千户所在福建闽江口长乐县，明属镇东卫。36。
崎头	崎头在浙江象山港北穿山东，又名崎头角。双屿在崎头南。29，30。
崇武所	崇武所在今福建泉州湾口北，仍名崇武。38。
崇明	即今长江口之崇明岛。28。
铜鼓山	本图铜鼓山有二。此在海南岛文昌县境。40。
铜鼓山	此在今加里曼丹，今地无考。44。
第一赤泥	据图，第一赤泥在甘巴里头与小葛兰之间，即在南印度 C. Comorin 与 Quilon 之间，今地无考。57。
假五屿	据图，假五屿在满剌加北，五屿西北二更，即今 Pulau Besar。51。
假屿	假屿、真屿在占腊港外，今地无考。44。
假里马达	假里马达即 Karimata Is.，在今加里曼丹西，麻里东（Billiton）东北。45。
假忽鲁谟斯	据图，假忽鲁谟斯大约为奥曼湾内一小岛，今地无考。62。

盘石卫	盘石卫在今浙江温州市境,近瓯江口。32。
象坎	据图,象坎为小昆仑山南一小岛,今地无考。44。
猫鼠屿	据图,猫鼠屿在孙姑那港外。今港外有猫屿(Koh mu)鼠屿(Koh Gnu)二小岛,即图中之猫鼠屿。47。
麻里束	麻里束应作麻里东,在今加里曼丹西,即 Billiton。47。
麻里溪溜	为溜山国八溜之一。或谓即马尔代夫群岛北之 Malicut 岛。57。
麻林地	麻林地即今非洲东岸怯尼亚(Kenya)之 Malindi。57。
麻实吉	据图,麻实吉当在阿曼湾南阿拉伯半岛东北角处,即今 Maskat。对音、方位俱无可疑。61。
麻剌哇屿	据图,麻剌哇屿在今加里曼丹西麻里东(Billiton)之南,今地无考。47。
麻楼	据图,麻楼在印度西岸坎八叶城(Cambay)之南,今地无考。59。
鹿屏山	据图,鹿屏山在温州海上南屺之北,不见今图。33。
鹿颈高阑	据图,鹿颈高阑在上、下川岛东北,大金、小金附近。顺风相送作交颈、交阑。不见今图。40。
淡马锡	即新加坡。新加坡古代称为 Tumasik,此其对音。49。
深户巡检司	深户即深沪,在今福建围头湾围头东北。深沪巡检司明属泉州府。38。
绵花屿	据图,绵花屿、绵花浅俱在马来半岛西岸吉令港(近作吧生港 Klang River)口,或谓即今图之 Parcelar Hill,阿拉伯人称之为 Kafāsi,义为吉贝,即绵花也。51。

十二画

喜鹊山	据图，喜鹊山在浙江温岭县隘顽湾外松门山南，不见今图。32。
琵琶屿	琵琶屿在龙牙门内，今地无考。49。
琶挠屿	琶挠屿在琵琶屿附近，今地无考。49。
琼州府	即今海南岛。40。
揽邦港	揽邦亦作览邦、览傍，今称南榜（Lampong），为南苏门答腊一省，首府名直落勿洞（Telokbetong）。古代三佛齐国即在此，为当时东西贸易要地。47。
彭加山	彭加山即苏门答腊岛南端之Banka岛。48。
彭杭港	彭杭又作蓬丰、彭坑、彭坊、邦项，俱为Pahang对音，今称彭亨，在马来半岛东岸，为古代一重要海港。48。
葛儿得风	据图，葛儿得风在非洲东北角，即今图之瓜达富伊角（C. Guardafia）。57。
葛答干	据图，葛答干在非洲东岸麻林地北，今地无考。57。
落坑	据图，落坑在八都马以北，当即今仰光（Rangoon）。55。
落坑山	落坑山当因其在落坑港外得名，今地无考。55。
椰子塘	据图，椰子塘在苏门答腊岛南部之西海上，今地无考。48。
棺墓山	据图，在占城港外筊杯屿附近，今地无考。42。
硫黄屿	据图，硫黄屿在巽他海峡东口，今地无考。47。

跛儿牙	据图，跛儿牙在莽葛奴儿与坎八叶城之间，今地无考。59。
帽山	帽山在苏门答腊岛西北部亚齐（Atjeh）海上，今犹名 Hat Is.，一作 Bras Is，即龙涎屿。54。
圌山	圌山在今江苏江阴。26。
短知蛮	据图，短知蛮在南印度柯枝之东，今地无考。58。
答那思里	答那思里即缅甸最南部之 Tenasserim，今图作典那沙冷，古名顿逊。53，54。
答那溪屿	据图，答那溪屿在新加坡附近，今地无考。49。
筊杯屿	筊杯屿亦作交杯屿，在占城国新州港（今越南平定省归仁）口外。42。
焦山	即今江苏镇江焦山。25。
番答里纳	据图，番答里纳即在古里国附近，或谓即 Ibn Batuta 书中之 Fandarina，今图作 Pandarani，在古里北十六英里。58。
普陀山	普陀山在今浙江定海之东，俗名普陀洛迦山。29。
温州卫	即今浙江温州市。33。
湄洲宫	湄洲宫在今福建湄州岛上，宫指天妃宫而言。相传天妃林氏生于莆禧，示现于湄州。天妃之神灵应非常，海舶必至此祭献。37。
犀角山	本图犀角山有二。此在暹罗以西海上，今地无考。45。
犀角山	此在苏门答腊岛旧港附近，今地无考。48。

十三画

瑞安	瑞安县旧属浙江温州府，在飞云江口。33。

蒲胎山	据图,蒲胎山在大星尖西,即今香港南面之蒲台岛。39。
雷州	广东雷州今为海康县。40。
歇立	据图,歇立在莽葛奴儿南,今地无考。58。
锡兰山	即锡兰岛。55,57,64,65。
廉州	广东廉州今为合浦县。40。
新洲港	新洲港,他书作新州港,为占城国港口,即今越南平定省之归仁。图上港口有一塔,即《瀛涯胜览》占城国条所云石塔。42。
新得	据图,新得在坎八叶城北,当即巴基斯坦之 Sind。60。
满门千户所	满门应作蒲门。今浙江平阳浦门镇,即其旧地。34。
满剌加	满剌加在马来半岛西岸,即 Malacca,今译马六甲。新加坡未开埠前,满剌加为马来半岛上最重要商港。郑和下西洋,亦以满剌加为根据地,建官厂,树立排栅,盖造库藏仓廒。50。
滩山	参看上十一画许山条。29。
福宁卫	福宁卫在福建福宁州,今改霞浦县。34。
福建布政司	明代废去元代行中书省,置十三布政使司,分领天下府、州、县及羁縻诸司。此处福建布政司即指福建布政使驻在地福州而言。36。
福州	此是海南岛之福州,其沿革未详。41。
缠打兀儿	据图,缠打兀儿在莽葛奴儿(Mangalore)北,今地无考。59。

十四画

蔡港	据图,蔡港在江苏太仓白茅港西,不见今图。27。
榜葛剌	榜葛剌即孟加拉国Bengal,一作Bangala,在恒河下游。56。
槟榔屿	即今马来半岛西岸北部之Penang,今犹名槟榔屿。52。
槟榔洲	据图,槟榔洲在南海昆仑山附近,今地无考。44。
碟千里	据图,碟千里在新得(Sind)附近,今地无考。60。
漳州	即今福建漳州市。明代漳州港即今厦门港,亦为海舶发舶之重要港口。38。
慢八撒	据图,慢八撒在卜剌哇南,今图作蒙巴萨(Mombasa)。属怯尼亚,在南纬四度左右,明代所知之非洲,以此为极南。57。
翠兰屿	翠兰屿一作翠蓝屿,即今孟加拉国湾中之Nicobar Is.。55。

十五画

撒地港	撒地港,他书作浙地港、察地港、祭地港,即今孟加拉国东南岸Chittagong。古代至榜葛剌,于此处登陆。56。
撒剌抹屿	据图,撒剌抹屿当在阿拉伯半岛东北角近麻实吉(Maskat)处,今地无考。62。
横山	据图,横山在苏门答腊岛旧港之北,今地无考。49。

暹罗国	暹罗国今称泰国。45。
镇东卫	据图,镇东卫在今福建福清县海口附近,不见今图。37。
镇江	即今江苏镇江市。25。

十六画

燕子矶	燕子矶在南京城北观音门外,下临长江。24。

十七画

檀头山	檀头山在今浙江三门湾外南田岛东北。31。
翼城	据图,翼城在印度南端科摩林角(甘巴里头)东北,今 Tinnevelly 区内,即马可波罗行纪与明史之加异勒(Cail,Kayal)城。57。

十八画

鳌鱼山	据图,鳌鱼山在龙牙门内,今地无考。49
覆鼎山	据图,覆鼎山在占腊港与上腊港之间,今地无考。44。

附录四：郑和航海图

图书在版编目（CIP）数据

星槎胜览校注 /（明）费信著；冯承钧校注. -- 北京：华文出版社，2019.1
ISBN 978-7-5075-5029-0

Ⅰ.①星… Ⅱ.①费… ②冯… Ⅲ.①郑和下西洋-史料 ②《星槎胜览》- 注释 Ⅳ.①K930.9②K248.105

中国版本图书馆CIP数据核字（2018）第265514号

星槎胜览校注
XINGCHASHENGLAN JIAOZHU

作　　者：	〔明〕费　信
校　　注：	冯承钧
策　　划：	杨　平
责任编辑：	王思惠
特邀编辑：	张国平
出版发行：	华文出版社
社　　址：	北京市西城区广外大街305号8区2号楼
邮政编码：	100055
网　　址：	http://www.hwcbs.com.cn
电子信箱：	silkroadlibrary@qq.com
电　　话：	总编室 010-58336239　　发行部 010-58336267
	责任编辑 010-58336209
经　　销：	新华书店
印　　刷：	北京画中画印刷有限公司
开　　本：	710×1000　1/16
印　　张：	15
字　　数：	147千字
版　　次：	2019年1月第1版
印　　次：	2019年1月第1次印刷
标准书号：	ISBN 978-7-5075-5029-0
定　　价：	48.00元

版权所有，侵权必究